THE WEAPONS ENCYCLOPÆDIA

TANK AIRCRAFT AFV SHIP ARTILLERY VEHICLES SECRET WEAPON

 FOCKE-WULF FW 190

THE WEAPONS ENCYCLOPAEDIA

PUBLLICATO DA

Luca Cristini Editore (Soldiershop), via Orio, 35/4 - 24050 Zanica (BG) ITALY.

DISTRIBUITO DA

Soldiershop - www.soldiershop.com, Amazon, Ingram Spark, Berliner Zinnfigurem (D), LaFeltrinelli, Mondadori, Libera Editorial (Spain), Google book (eBook), Kobo, (eBoook), Apple Book (eBook).

PRINCIPALI COLLABORATORI IN QUESTO NUMERO & ACKNOWLEDGEMENTS

Principale collaboratore di questo numero: **Björn Huber** autore dei profili, oltre a Herbert Ringlstetter e Luca Cristini. Ringraziamenti particolari a istituzioni quali: Stato Maggiore dell'esercito, Archivio di Stato, Bundesarchiv, Nara, Library of Congress ecc. Agli archivi P.Crippa, A.Lopez, L.Manes, C.Cucut, archivi Tallillo. Model Victoria (www.modelvictoria.it). Le foto sono state ricolorate da Anna Cristini.

For a complete list of Soldiershop titles, or for every information please contact us on our website: www.soldiershop.com or www. cristinieditore.com. E-mail: info@soldiershop.com. Keep up to date on Facebook & Twitter: https://www.facebook.com/soldiershop. publishing

Titolo: **FOCKE-WULF FW 190** Code.: **TWE-002 IT** Collana curata da L. S. Cristini
ISBN code: 978-88-93278713. Prima edizione settembre 2022.

THE WEAPONS ENCYCLOPAEDIA (SOLDIERSHOP) trademark of Luca Cristini Editore

THE WEAPONS ENCYCLOPÆDIA

TANK AIRCRAFT AFV SHIP ARTILLERY VEHICLES SECRET WEAPON

FOCKE-WULF FW 190

LUCA STEFANO CRISTINI

BOOK SERIES FOR MODELERS & COLLECTORS

INDICE

▼ Il caccia Fw 190 F fotografato rappresenta la versione da attacco al suolo. Sotto le ali era provvisto di punti di attacco per bombe, razzi o cannoni. La versione F fu una delle più versatili dell'intera gamma FW poiché, una volta sganciate le bombe, ritornava ad essere un superbo caccia. Rilasciata con licenza GNU Free version 1.2.

INTRODUZIONE

Durante la seconda guerra mondiale, numerosi furono gli assi nelle varie aviazioni coinvolte. Tuttavia, se andiamo a vedere le classifiche generali, appare subito evidente il dominio pressoché assoluto dei piloti tedeschi. Nei primi 150 posti troviamo solo piloti della Luftwaffe, tutti con oltre 100 vittorie. I non tedeschi fra i primi 200 sono due finlandesi (che pilotavano macchine tedesche) e due giapponesi. Per incontrare il primo alleato, dobbiamo andare al russo Ivan Kozhedub con 66 vittorie. Questo fatto, ancora prima di tutte le altre considerazioni fa ben riflettere sulla qualità dei mezzi in dotazione alla forza aerea germanica durante la guerra. E, fra i tanti aerei prodotti dalla industria tedesca, il Focke-Wulf Fw 190 fu in assoluto uno dei migliori. Battezzato presto col nomignolo di Würger (passero, in italiano) la macchina sviluppata da Focke-Wulf, a Brema, sotto la direzione del capo progettista Kurt Tank, venne prodotta in più di 20.000 esemplari, a partire dal 1941. Condivide con l'altrettanto celebre Messerschmitt Bf 109 la fama di caccia più famosi della Luftwaffe. Il Focke-Wulf Fw 190 A-8 era dotato di un motore radiale BMW 801 D-2 a doppia stella con 14 cilindri da 1.700 Hp che permetteva di raggiungere la velocità massima di 653 Km/h.

Aereo pesantemente armato con 2 mitragliatrici MG 131 e con 4 cannoni MG 151 da 20 mm, nei primi mesi del 1944 entrò in produzione la versione più avanzata della seria A, la A-8, caratterizzata da un sistema di iniezione in grado di aumentare, per brevi periodi, la potenza del motore a più di 1.900 Hp. Dal 1944 al maggio del 1945 furono prodotti più di 6.500 Fw 190 A-8 per cercare di contrastare al meglio le sempre più frequenti incursioni dei bombardieri e caccia alleati.

Per diversi esperti della materia, in considerazione dei risultati ottenuti, il Focke-Wulf 190 fu in assoluto il miglior caccia della seconda guerra mondiale.

▼ Schema del Focke-Wulf 190 A-3. Opera di Björn Huber, rilasciata con licenza CC BY-SA 3.0.

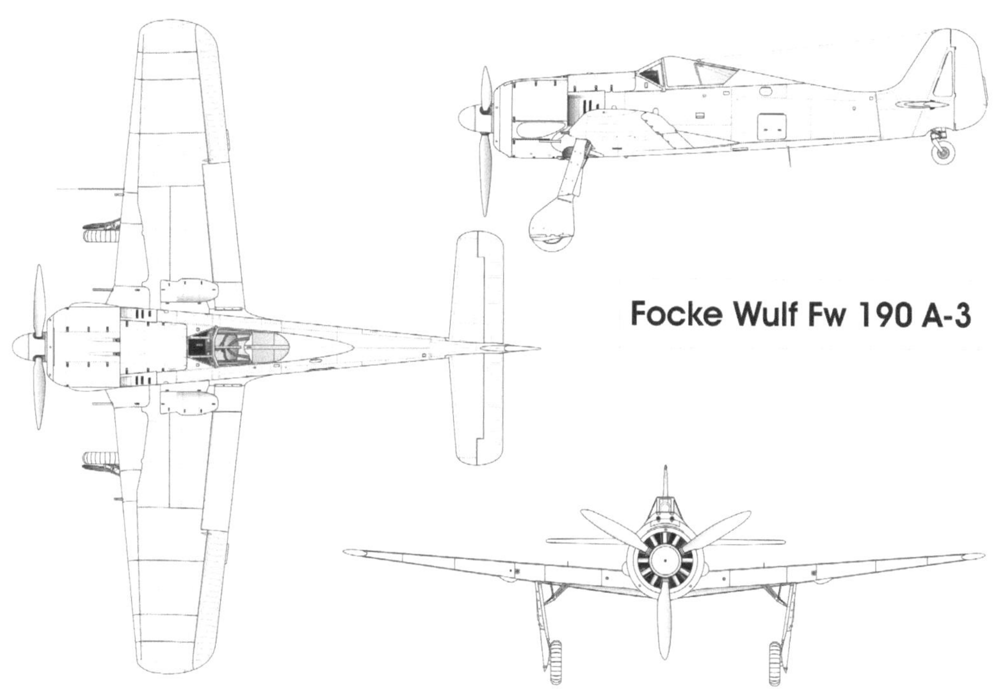

I primi ad accorgersi di quanto era eccezionale il nuovo caccia tedesco furono gli inglesi. Sapevano del Focke-Wulf 190 ma pensavano che il motore radiale di cui era attrezzato ne avrebbe assai limitato le performance. Appena però gli squadroni germanici ricevettero i primi caccia di questo valido aeroplano, la RAF se ne accorse subito!

I tedeschi avevano celato bene la loro sorpresa nella prima metà del 1941. Il loro nuovo aereo aveva iniziato coi fiocchi seminando un numero allarmante di perdite tra le file nemiche. Ma facciamo quindi un passo indietro alla fine del 1937, quando il ministero dell'aeronautica del Reich inizia a studiare la necessità di dotarsi di un nuovo caccia performante. Fu allora che la fabbrica Focke -Wulf propose il suo nuovo aereo in due diverse versioni: il primo con un motore in linea Daimler Benz 12 cilindri e il secondo con un motore radiale BMW a 18 cilindri; la scelta finale cadde su quest'ultimo. A capo del team industriale venne messo un asso, tale Kurt Tank, che si dimostrò ampiamente all'altezza della situazione. Furono per primi realizzati una serie di prototipi per stabilire un prodotto finale ottimale, e già nella seconda parte del 1938 si creò il primo velivolo sperimentale: L'Fw 190 V-1. Questo velivolo prese il volo a metà del 1939 sui cieli di Brema, sede della FW. Sin da subito, l'aereo dimostrò eccezionali doti di volo e maneggevolezza, riuscendo a raggiungere una velocità di 600 km/h a 4.000 metri! I primi esperimenti, effettuati sotto l'occhio entusiasta del capo dell'aviazione Goering, permisero di sistemare alcune pecche e di migliorare l'aereo nel suo insieme. Una delle novità maggiori fu l'adozione del nuovo motore BMW 801 a 14 cilindri (vedi pag. 12) montato sul 5° prototipo sperimentale: l'Fw 190 V-5.

I primi cento esemplari di Fw 190A-1 furono consegnati alla Luftwaffe nella primavera del 1941, ad una famosa unità sperimentale. La prima unità operativa destinata al passaggio sul nuovo caccia era la 6ª Staffel della II° Gruppo dello Jagdgeschwader 26 Schlageter, i cui piloti, guidati dal tenente Karl Borris, veterano della Battaglia d'Inghilterra, si trasferirono dalla costa della Manica a Rechlin per studiare le procedure operative dell'aereo, in vista della sua futura entrata in servizio. In agosto i piloti tornarono alla loro base, l'aeroporto Le Bourget di Parigi. Sempre nello stesso aeroporto francese fece la sua comparsa la versione Fw 190 A-2 a partire dal luglio del 1941, (vedi foto a pag. 16). Questa versione, già affidabile, venne prodotta fra l'ottobre 1941 ed il luglio 1942 in quasi 1.000 esemplari, sfornati da diversi stabilimenti tedeschi.

Questa versione vantava una velocità massima di 614 Km/h, leggermente superiore a quella del suo diretto avversario del tempo: lo Spitfire V. I

▼ Disegno longitudinale di un Focke-Wulf Fw 190 A-3.

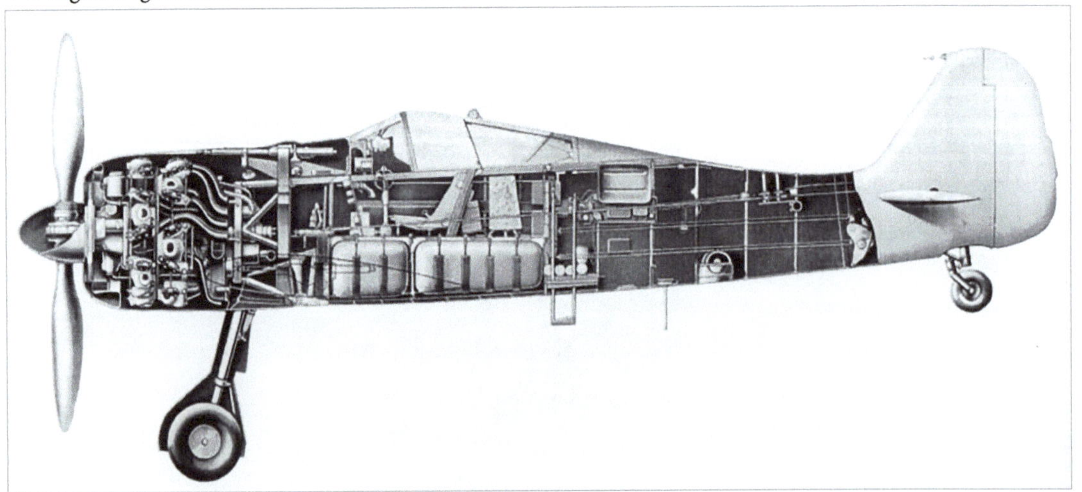

LE CAMPAGNE OPERATIVE

■ SUI CIELI DEL FRONTE OCCIDENTALE

La superiorità del Fw 190 appparve subito evidente sin dagli inizi delle operazioni. Nei mesi precedenti l'estate del 1942, i suoi caccia godettero di una pressoché assoluta superiorità aerea.

Nel febbraio 1942, durante il celebre forzamento aeronavale tedesco della Manica, la RAF sostenne il primo grande scontro contro massicce formazioni di Fw190; una trentina di essi, assieme a numerosi Bf109, effettuavano voli continui a protezione della loro flotta. Già in questa occasione gli Fw190 A-2 del II° Gruppo riuscirono nell'impresa di annientare tutti i sei aerosiluranti Fairey Swordfish della flotta della marina inglese.

Significativo quanto accadde il 1° Giugno 1941; quel giorno nel cielo c'erano otto cacciabombardieri, scortati da ben 168 Spitfire, e volavano in operazione sul Belgio settentrionale. Due gruppi di Fw si alazrono in volo per contrastarli, riuscendo ad abbattere l'aereo del comandante nemico assieme ad otto dei suoi Spitfire, mentre cinque rimasero danneggiati. In questa occasione il caccia tedesco non ebbe alcuna perdita! Il giorno dopo il II° Gruppo Fw decimò la flotta canadese sopra i cieli di Saint Omer. I canadesi persero otto dei loro dodici Spitfire, i tedeschi, anche in questa occasione, tornarono tutti a casa. Nella primavera del 1942 i gruppi Fw cominciarono a cambiare macchina e, alla fine di aprile, molti erano già dotati del nuovo A-2. Il Focke -Wulf 190 era già una leggenda, e non pochi gruppi arerei aspettarono con ansia di cambiare i loro pur validi Bf 109F in cambio dei Focke Wulf.

La conversione dei mezzi continuò durante tutta la stagione per i gruppi schierati nel nord ovest tedesco e in Olanda. Il III° E il IV° gruppo effettuarono la conversione nel mese di luglio, quindi la Luftwaffe dalla seconda metà del 1942 poteva disporre sul fronte occidentale di tre stormi da caccia completamente equipaggiati con il temibile Focke Wulf 190. A complicare le cose, però, nel mese di luglio fece la sua entrata operativa da parte inglese lo Spitfire IX, che si dimostrò subito un avversario all'altezza, che riuscì nel breve a ridurre notevolmente il divario tecnico con il caccia tedesco che tuttavia continuava ad essere migliore. Nel luglio del 1941 arrivarono i rinforzi americani anche in Europa e si ebbero i primi scontri fra le due aviazioni. Intanto anche il già citato Spitfire IX fece il suo battesimo di guerra contro i Fw. Il 30 luglio sei bombardieri della RAF, scortati da Spitfire V e IX, finirono in un duello mortale coi Fw. Risultato: vennero abbattuti un Fw 190 e 14 Spitfire V.

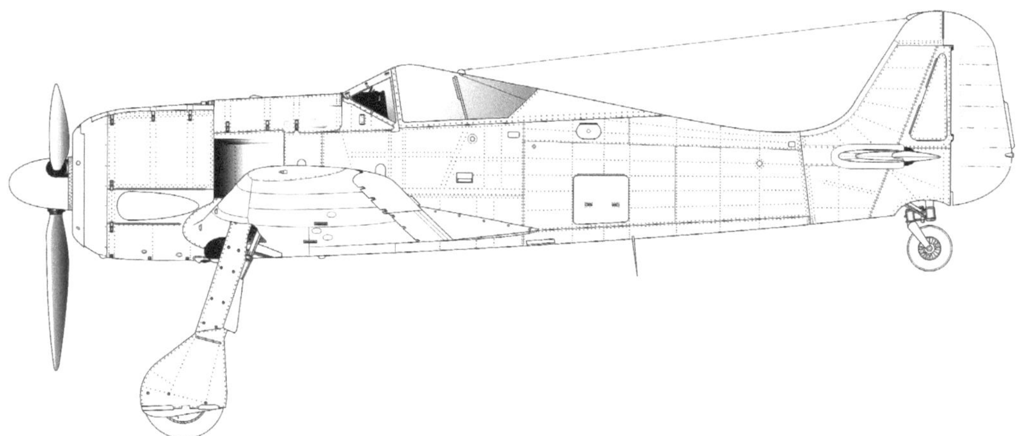

▲ Profilo di un Focke Wulf Fw 190 A-0. Courtesy Björn Huber, rilasciata con licenza CC BY-SA 3.0.

▲ Focke-Wulf 190 A nascosto fra la vegetazione. Notare le due bombe caricate sulle ali. Bundesarchiv.

Nella primavera del 1942 fa la sua comparsa anche la versione A-3, propulsa da un nuovo motore BMW 801D-2 da 1700 CV. Il nuovo Fw 190A-3 aveva una velocità massima di 629 Km/h, come attestato da prove in volo effettuate dai britannici sull'esemplare pilotato dal tenente Arnim Faber del III/JG2, e catturato a Pembrey, nel Galles meridionale, dove il pilota fu costretto ad atterrare dopo un errore di rotta.

Dopo questi test il morale degli inglesi fu messo in dubbio in merito alla valutazione dell'aereo tedesco. Sulle prime essi si erano infatti convinti, dai risultati dei loro test, che il Fw 190 fosse inferiore allo Spitfire IX e persino anche al Typhoon, e che anche lo Spitfire V fosse in grado di battersi con efficacia... In realtà i britannici, dopo ulteriori analisi e test, scoprirono che il caccia tedesco era assai migliore di quanto pensassero. Era veloce e aveva un armamento molto pesante: ben due mitragliatrici MG 17 da 7,92 millimetri montate sopra il motore, e altri cannoncini Mauser nelle sezioni alari interne ed esterne. Molto robusto, possedeva un'eccellente capacità di manovra, permetteva al pilota un'ottima visibilità e costituiva un bersaglio estremamente piccolo difficile da inquadrare. Insomma, questo Fw 190A-3 era nettamente migliore dei loro apparecchi.

Furono quindi studiate tattiche e sistemi per poter contrastare al meglio questa nuova arma del nemico. Ai piloti degli Spitfire fu consigliato, in pratica, di evitare il combattimento e di mantenere un'alta velocità di crociera per ridurre le possibilità di essere intercettati. Come metodo di evasione, al pilota britannico venne suggerito di sfruttare la migliore velocità in virata che lo Spitfire poteva ancora vantare. Utilizzando questa manovra per più e più chilometri di potenziale inseguimento lo Spitfire si sarebbe potuto agevolmente salvare. La risposta tedesca a queste nuove tattiche non mancò a tardare, in questa sorta di competizione tecnica con gli altrettanto bravi tecnici inglesi. Dalla metà di luglio iniziò ad uscire dalle catene di montaggio della Fw la nuova versione A-4, esteriormente quasi una fotocopia del precedente; la differenza però era tutta nascosta nel motore, che rimaneva lo stesso, ma dotato di un nuovo sistema di iniezione d'acqua e metanolo, che portava la potenza a ben 2100 CV, permettendo una velocità massima di 670 Km/h, ben superiore a quella disponibile sullo Spitfire IX e ancora meglio rispetto al Typhoon.

FOCKE-WULF FW 190 A-3

▲ **Focke-Wulf Fw 190 A-3**, III./JG 2, macchina del Gruppenkommandeur Hauptmann Hans ‚Assi' Hahn, Francia maggio 1942. Artwork di Herbert Ringlstetter, rilasciata con licenza CC BY-SA 2.0.

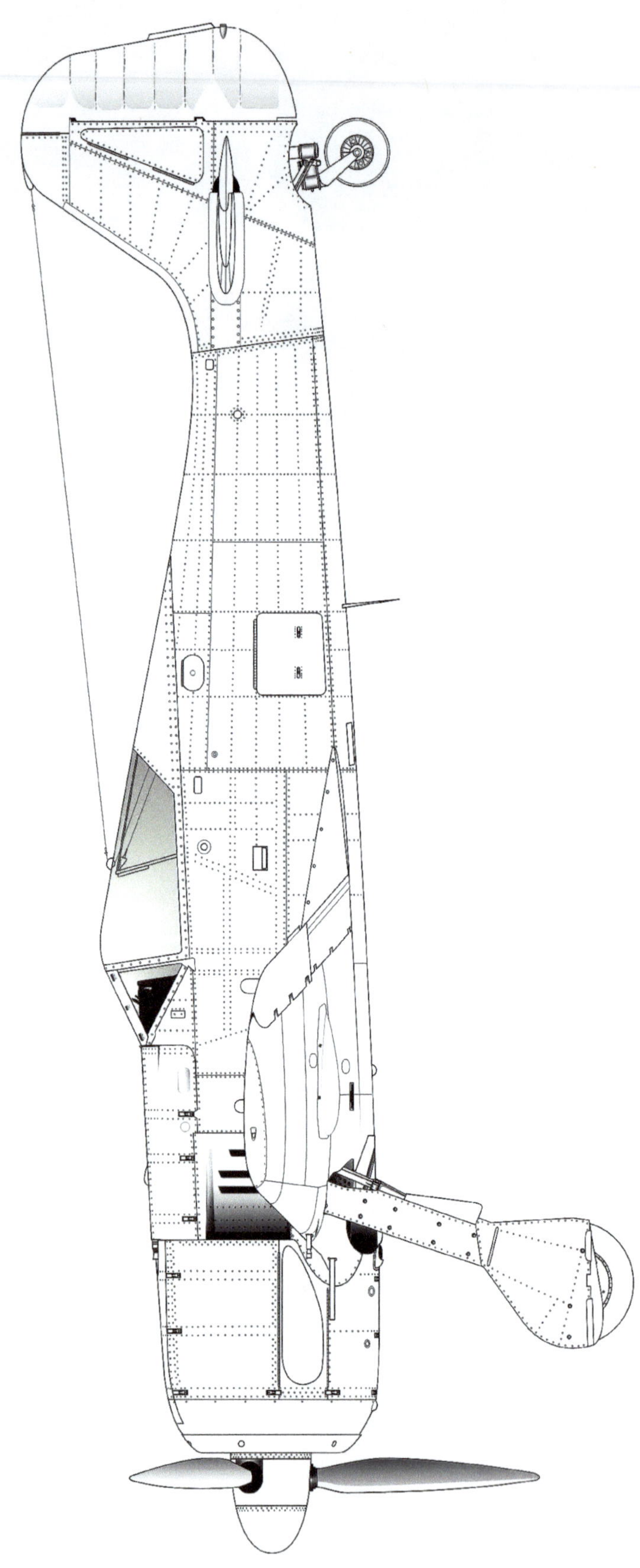

▲ Focke-Wulf Fw 190 A-3, III./JG 2, Profilo B/N di Björn Huber, rilasciata con licenza CC BY-SA 3.0.

L'apparizione di questo nuovo mostro cambiò nuovamente le carte in tavola. Lo si vide subito alla prima operazione utile quando il 19 agosto, nel corso dell'operazion 'Jubilee', con il famoso sbarco a Dieppe di una forza anfibia di truppe canadesi, la forza aerea alleata lamentò la perdita di 106 velivoli (di cui quasi 90 Spitfire), quasi tutti trionfo di guerra del nuovo Fw 190 A-4, e soli 9 abbattuti dalla contraerea. Per molto tempo, fino agli inizi del 1943, le unità tedesche sul fronte occidentale riuscirono a mantenere la superiorità aerea nei confronti della RAF, nonostante l'impegno militare sul fronte orientale assorbisse un cospicuo numero di mezzi. il Fighter Command inglese perse in questo periodo ben 600 velivoli, contro meno di un quarto di tale numero di aerei tedeschi. Nello stesso periodo, la Luftwaffe, allora ancora in massima forma, ricevette circa 1900 Fw 190 nelle varie versioni fino alla A-4, mentre la RAF si dovette accontentare di meno di 300 Spitfire IX e di 200 Typhoon.

■ SUGLI ALTRI FRONTI

Oltre che col nemico più agguerito, l'Fw 190 venne ovviamente parecchio utilizzato, al di là che in Francia, anche sul fronte Est e in quello del Mediterraneo. Ovunque utilizzato, per parecchio tempo, il piccolo caccia tedesco si confermò come il più veloce e potente caccia. Questo durò perlomeno fino all'avvento dello Spitfire Mk.IX che all'atto pratico riusciva a gareggiare alla pari con l'Fw 190, specialmente ad alta quota; a bassa e media quota l'unico velivolo che potesse contrastarlo con una certa efficacia sul fronte occidentale rimase l'Hawker Typhoon.
Sul fronte orientale l'Fw 190 fu un vero mattatore, autentico incubo per i piloti russi. Fu soprattutto qui che decine e decine di piloti tedeschi diventarono veri assi, con oltre 100 vittorie nel loro palmares. Gli avversari principali ad est furono i Lavochkin La-5 e gli Yakovlev Yak-9.
Nel ruolo della alleanza con l'Italia, molti reparti degli Fw 190 furono inviati a battersi nel Mar Mediterraneo, dove negli ultimi mesi della guerra nel deserto operarono dalle basi in Sardegna e in Tunisia contro lo strapotere degli angloamericani. Il velivolo venne impiegato anche come caccia di scorta e cacciabombardiere. In Africa, l'Fw 190 cominciò ad evidenziare una specie di perdita di supremazia di fronte a questo caccia, il quale finì per subire perdite più o meno comparabili con le vittorie, mentre molte macchine vennero distrutte o abbandonate negli aeroporti dell'Asse per mancanza di carburante o di pezzi di ricambio.

■ ALLA DIFESA DEL REICH

L'aereo tedesco dette tuttavia il meglio di sé, specialmente con le ultime versioni prodotte, durante la difesa aerea della madrepatria, pesantemente sottoposta all'offensiva dei bombardieri alleati. Dovendosi curare soprattutto della difesa i piloti tedeschi, nel frattempo assai decimati, a bordo dei loro Fw 190 si ritrovarono in una situazione particolarmente adatta ad affrontare i bombardieri alleati, potendo contare sulla ormai tradizionale e collaudata potenza di fuoco, grande robustezza ed elevata velocità.
Sfruttato a pieno sui cieli tedeschi, pur essendo inferiore al suo compagno e antagonista interno, il Messerschmitt Bf 109, per prestazioni in quote elevate, il Fw 190 era dotato di migliore difesa passiva e poteva contare su un armamento più pesante e performante in combattimento.
Tuttavia il tempo correva contro l'efficacia delle armi germaniche, e nel corso del 1944, specialmente dopo l'avvenuto e consolidato sbarco in Normandia, i caccia di scorta alleati, in numero quasi sempre sovrastante e in grado ormai di decollare dalle basi francesi, accompagnavano sempre in larghe formazioni le squadriglie di bombardieri inviati sui cieli tedeschi. I tedeschi, nell'attesa degli ultimi super aerei che la loro industria, incredibilmente, sarebbe riuscita ancora a sfornare, come i Fw 190 D, i Ta 152 e soprattutto i modernissimi i jet come il Messerschmitt

▲ Russia 1942, manutenzione di un Focke-Wulf 190. Bundesarchiv. Colorazione autore.

Me 262, usarono a fondo tutti gli Fw 190 che avevano a disposizione per cercare di abbattere quanti più aerei nemici possibili, e va detto, con risultati molto positivi almeno per tutto il 1944 grazie alle loro notevoli prestazioni, e nonostante il consitente aumento di peso della macchina, dovuto all'aggiunta di corazzature dello spessore di 5 mm.

Usati in gruppi di attacco insieme ai loro "fratelli" Bf 109, i Foche-Wulf si compendiarono ottimamente nel loro compito operativo. Inoltre, le caratteristiche più avanzate dei Fw 190, dotati di maggiore autonomia di volo e maggiore capacità di carico, vennero forniti via via di radar che permisero loro anche la caccia notturna.

Una delle ultime versioni del Focke-Wulf, la versione "D", venne ribattezzata dai suoi piloti Langnasen-Dora ("Dora dal naso lungo"), per via delle dimensioni del muso e della silhouette in generale che la rendeva assai diversa dalla serie Fw 190 A.

All'arrivo del poco elegante "Dora" la maggior parte dei piloti tedeschi si mostrò scettica nei confronti del nuovo aereo, ma quando ebbero la possibilità di provarlo rimasero tutti molto sorpresi.

▼ Il potente motore BMW801 che equipaggiava il Focke-Wulf 190.

FOCKE-WULF FW 190 DIFFERENZE FRA VERSIONE A-0 E A-1

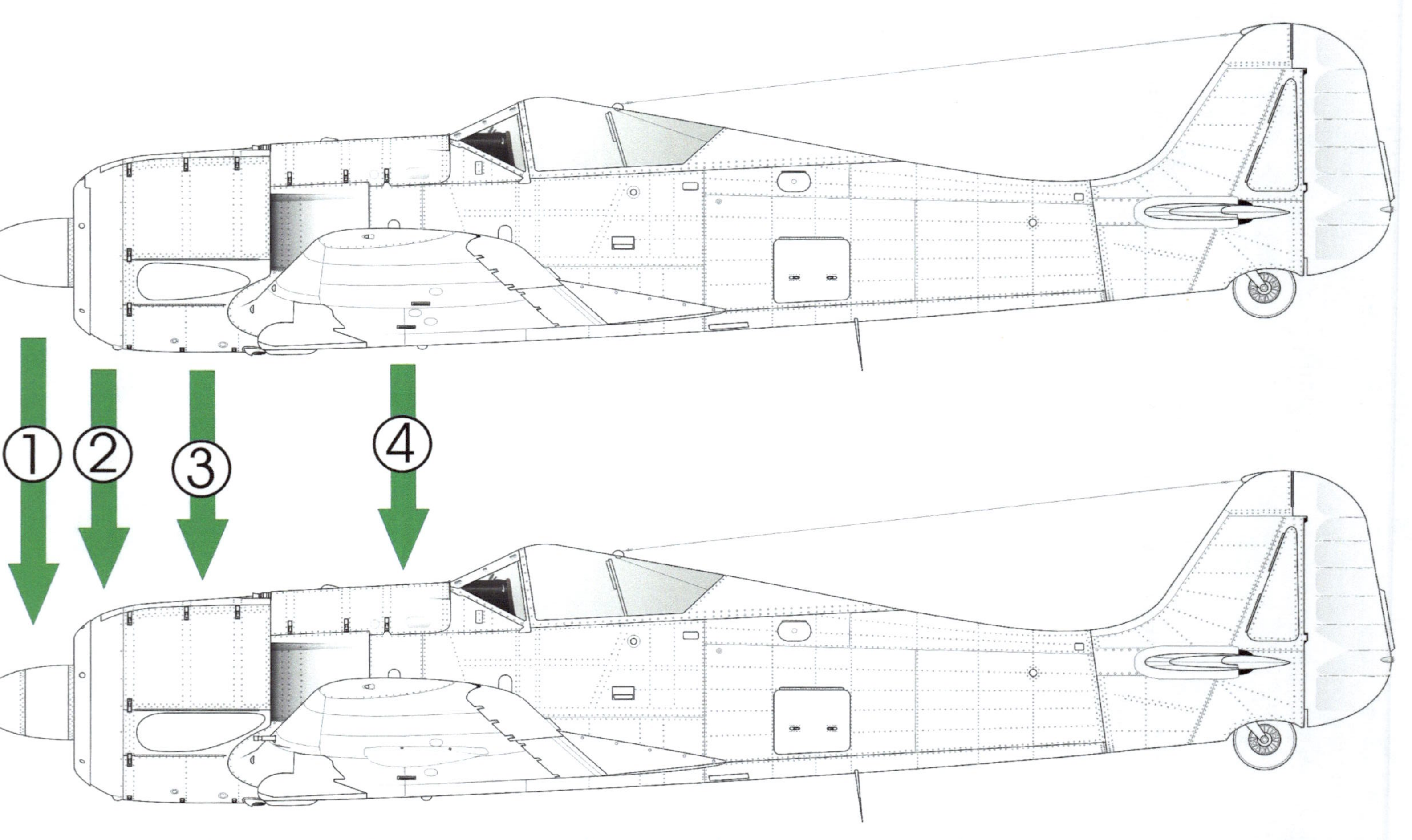

▲ Differenze selezionate tra Fw 190 A-0 e A-1; 1: Spinner dell'elica più grande; 2: Coperchio motore modificato; 3: Forma modificata delle carenature del condotto dell'aria del compressore; 4: Sostituzione dell'MG 17 (7,92 mm) montato sull'ala con cannoncini automatici del tipo MG FF (20 mm). Profili di Björn Huber, rilasciati con licenza CC BY-SA 3.0.

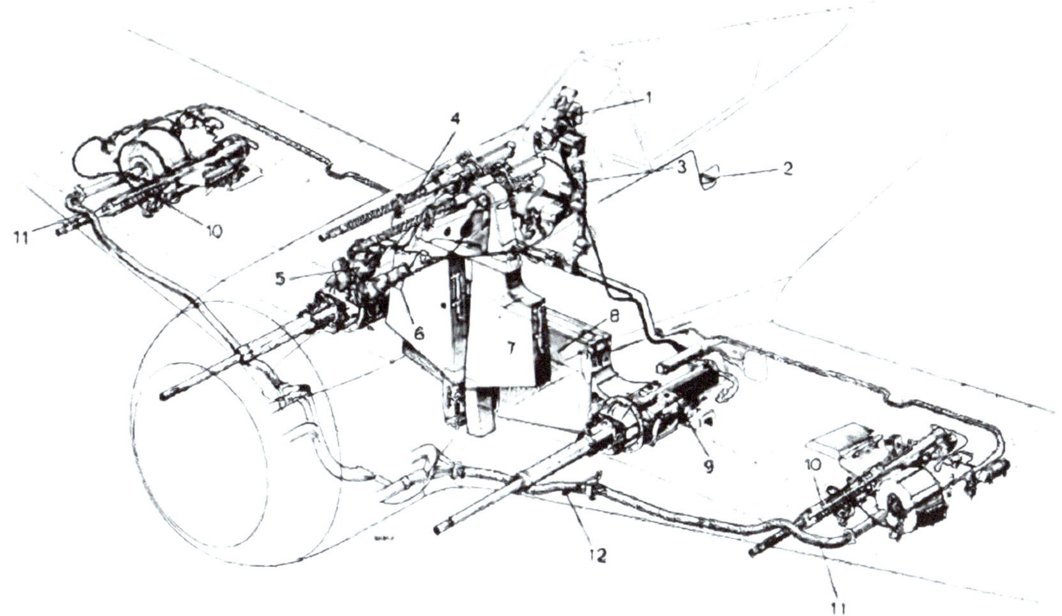

▲ Schema del sistema d'arma delle versioni da A-2 a A-5.

▼ Un Focke-Wulf Fw 190 in volo. (Replica USAF con insegne Luftwaffe 1943 circa). Courtesy of the U.S. federal government.

FOCKE-WULF FW 190 A-4

▲ Focke-Wulf Fw 190 A-4, III./JG 2, macchina del Gruppenkommandeur Adolf Dickfeld del II.Gruppe, Jagdgeschwader 2, Tunisia 1943.

FOCKE-WULF FW 190 A-4

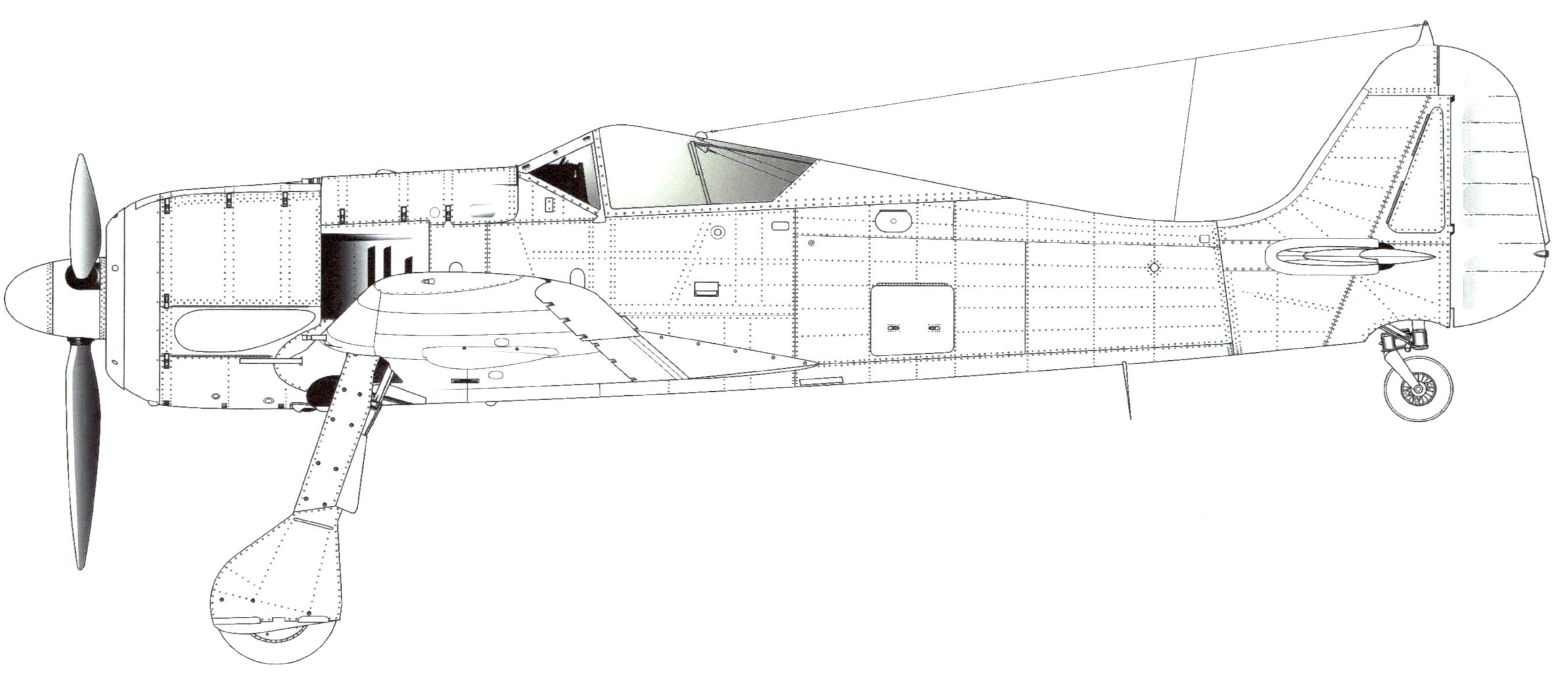

▲ **Focke-Wulf Fw 190 A-4,** III./JG 2, profilo BN Artwork di Björn Huber, rilasciata con licenza CC BY-SA 3.0.

▲ Focke-Wulf Fw 190 in un aeroporto francese nel 1942. Bundesarchiv. Colorazione autore.

▼ Avieri tedeschi e pilota attorno a un Focke-Wulff 190A-6 dello speciale distaccamento Kuhlmey all'aeroporto di Immola in Finlandia 2 luglio 1944. Notate gli Stuka che volano in cielo. Bundesarchiv. Colorazione autore.

FOCKE-WULF FW 190 DIFFERENZE FRA VERSIONE A-1 E A-2

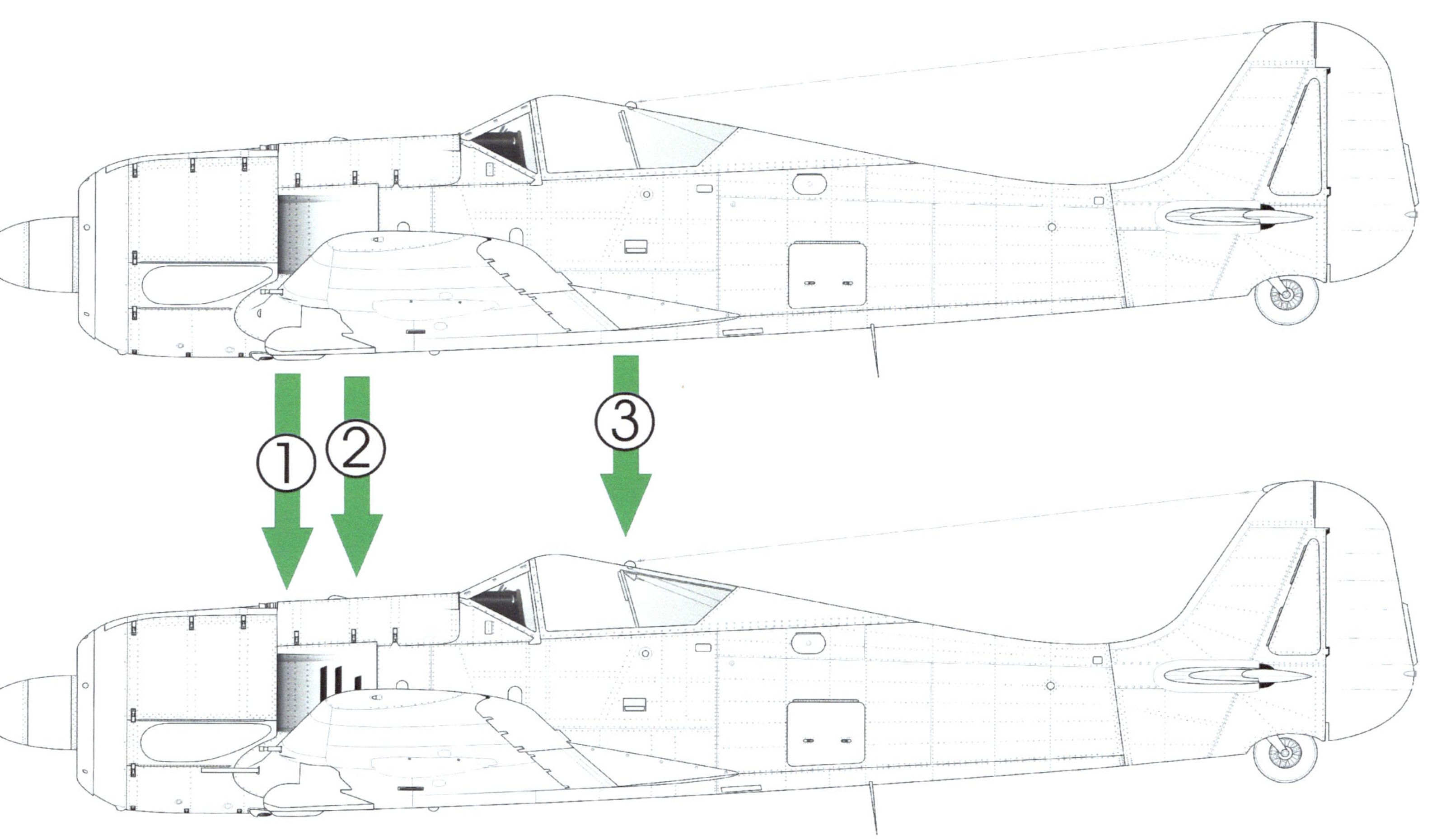

▲ Differenze selezionate tra Fw 190 A-1 e A-2; 1: Aggiunta di fessure per migliorare il flusso d'aria di raffreddamento; 2: Sostituzione dell'MG 17 montato sulla radice dell'ala con MG 151/20 da 20 mm; 3: Supporto migliorato dell'armatura della testa e delle spalle del mezzo.Profili di Björn Huber, rilasciati con licenza CC BY-SA 3.0.

Il mezzo era assai migliorato pressoché in tutti gli aspetti. Con la nuova versione "D" il caccia raggiunse probabilmente la sua miglior versione operativa, rivelandosi uno dei pochi in grado di contrastare il temibile P-51D Mustang americano, forse il miglior caccia del conflitto, almeno negli ultimi due anni della guerra.

Certamente il Dora Fw 190 D-9, alla fine della guerra, era considerato da molti piloti il migliore caccia della su categoria allora impiegato dalla Luftwaffe. Ne vennero costruiti circa 700, e tenendo conto delle enromi difficoltà che l'industria tedesca ebbe nel 1944 e 1945, questo fu un mezzo miracolo. L'ostacolo maggiore alla fine si rivelò essere una scarsità endemica del carburante ma anche degli equipaggi, specialmente di quella generazione di assi esperti.

Verso la parte finale del conflitto, specialmente a causa dell'ossessione di Hitler, anche l'Fw venne frequentemente utilizzato nella versione da bombardamento tattico a lungo raggio. Il mezzo era capace di trasportare bombe del peso di 1.800 kg, volare in ogni situazione e, grazie alla ampia autonomia, colpire le retrovie del fronte avversario.

In versione ammazza-carri, l'Fw 190 F impiegato sul fronte orientale si dimostrò devastante, specialmente quando, al posto delle bombe, i mezzi furono dotati di razzi. Tuttavia, ormai era troppo tardi, l'Armata Rossa pareva avere riserve infinite, e gli attacchi tremendi dei Fw 190 F furono comunque insufficienti ad arrestare l'avanzata delle armate nemiche.

Uno dei compiti finali affidati a questo versatile aereo fu quello di fungere da "angelo custode" alle ormai preziosi base dalle quali decollavano i famosi jet della Luftwaffe, una delle "armi segrete" su cui i tedeschi fecero ampio affidamento. In sostanza, alla fine i Fw 190 si dimostrarono utili jolly a cui venivano assegnati svariati compiti, indipendentemente dal ruolo iniziale, come d'altronde avvenne per tutti i velivoli rimasti disponibili ed in grado di volare.

▼ Il Feldwebel (maresciallo) pilota Konrad Bauer, del V° Gruppo, in Germania nel settembre del 1944 mentre smonta dal suo Fw 190 D. Bauer. L'asso tedesco totalizzò 57 vittorie durante il conflitto. L'immagine mostra chiaramente l'eccellente visibilità offerta dal tettuccio del "Dora dal naso lungo".

FOCKE-WULF FW 190 A-4 I./JG 1

▲ Focke-Wulf Fw 190 A-4, III./J1 2, macchina del capitano Losigkeit. Artwork di Björn Huber, rilasciata con licenza CC BY-SA 3.0.

FOCKE-WULF FW 190 A-4 I./JG 1

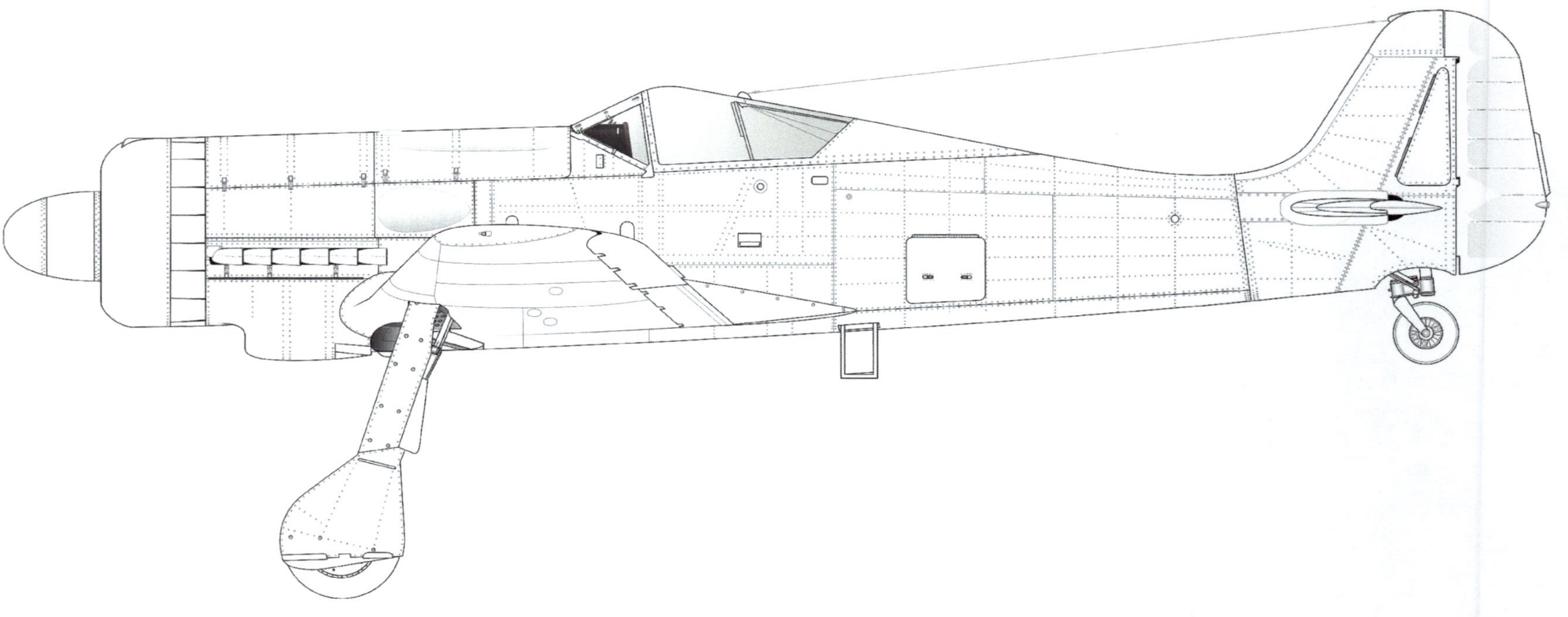

▲ **Focke-Wulf Fw 190 A-4**, III./J1 In B/N il profilo del prototipo Fw 190 V-13.
Artwork di Björn Huber, rilasciata con licenza CC BY-SA 3.0.

LE VERSIONI DEI MEZZI

■ **FW 190 V**: prototipi, dal tedesco *Versuch*

V1: il primo volo risale al 1º gennaio 1939 con motore BMW 139 da 1 550 CV;
V2: secondo prototipo, dotato di armamento;
V5k: Klein ("piccolo"): primavera 1940;
V5g: Grosse ("grande"): dotato di una maggiore apertura alare;
V6: ottobre 1940;
V12 primo dei prototipi studiati da Tank nel 1941 per ottimizzare le prestazioni in altitudine;
V13: primo prototipo serie C;
V15: secondo prototipo serie C;
V16: terzo prototipo serie C;
V18: quarto prototipo serie C;

■ **FW 190 A**: prima versione di serie (la più diffusa in assoluto)

A-0: serie di pre-produzione;
A-1: prima serie di produzione, costruita in 101 esemplari, con motore BMW 801 C-1;
A-2: armamento fisso maggiorato, con due cannoni da 20 mm e quattro mitragliatrici MG 17;
A-3: motore potenziato BMW 801D, quattro cannoni da 20 mm e due mitragliatrici da 7,92 mm;
A-4: introdotto nel luglio 1942, l'A-4 aveva lo stesso motore e lo stesso armamento di base dell'A-3. Una radio aggiornata, la FuG 16Z fu installata rimpiazzando la precedente FuG VIIa. Introduceva il sistema di iniezione MW 50 acqua-metanolo per spingere il rendimento del mo-

▼ Schema del Focke-Wulf 190 A-5. Opera di Björn Huber, rilasciata con licenza CC BY-SA 3.0.

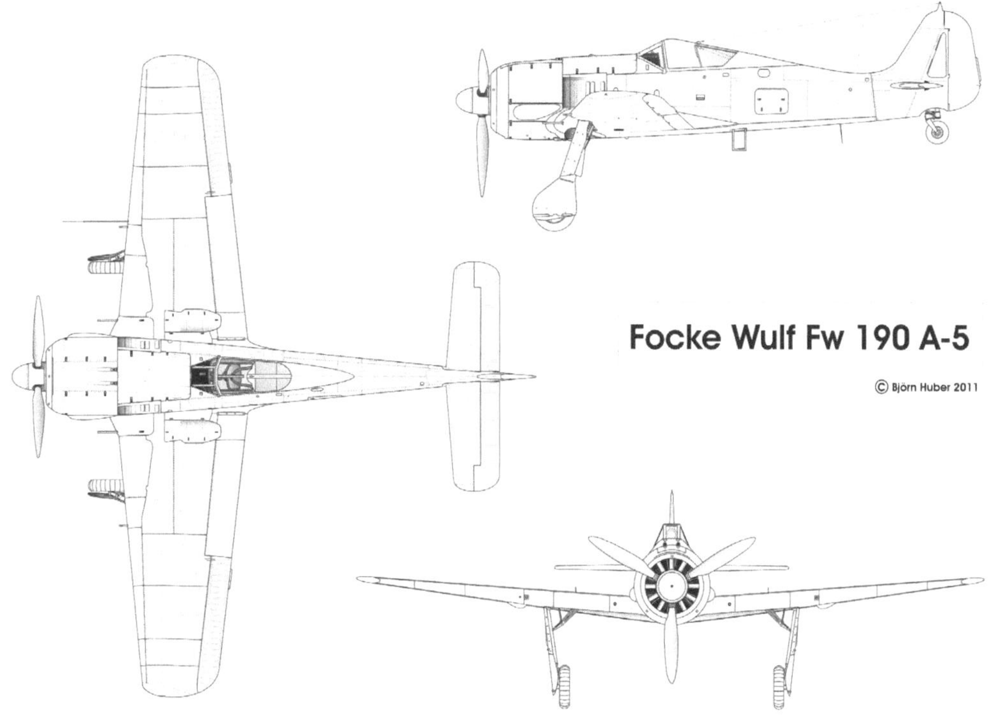

tore BMW 801D-2 a 2100 CV (1566 kW) per brevi periodi e innalzare la sua velocità massima a 670 km/h a 6.400 metri;

A-4/Trop: questa versione introduceva filtri tropicali per proteggere il motore in Nord Africa e era equipaggiato per trasportare una bomba da 250 kg sotto la fusoliera;

A-4/R6: eliminazione del dispositivo MW-50 acqua-metanolo per permettere il trasposro di due tubi lancia razzi WGr 21;

A-4/U1 e A-4/U13: varianti che presentavano un attacco ventrale per una bomba SC 500 da 500 kg ed erano armati solo con i cannoni MG151 alari;

A-4/U4: era un ricognitore, equipaggiato con fotocamere Rb 12.4 ed una cinepresa EK16;

A-4/U7: era un intercettore d'alta quota equipaggiato con speciali prese d'aria sovralimentate;

A-4/U8: versione con armamento fisso ridotto ai due cannoni MG 151 che poteva trasportare una bomba da 500 kg (1102 lb) sotto la fusoliera, mentre i due serbatoi sganciabili da 300 litri (66 Imp-gal) aumentavano la sua autonomia;

A-4/R: variante detta Leitjaeger ("caccia conduttore") munito di speciali apparecchi radio ed antenne per la navigazione radio con il sistema "Y-Verfuhrung";

A-5: ulteriori migliorie al motore ed altri dettagli;

A-6: introdotta nel giugno 1943, fu una delle principali versioni. Derivava dal modello sperimentale **Fw 190 A-5/U10** e incorporava un'ala ridisegnata e alleggerita che poteva ospitare quattro cannoni MG 151 da 20 millimetri;

A6/R: macchina con sei MG 151, versione del Fw 190 A6/R2 con due cannoni MG 108 da 30 millimetri montati sulle ali;

A6/R3: questa variante aggiungeva un cannone da 30 mm sotto ogni ala;

A6/R6: la variante finale, equipaggiata di un lanciatore tubolare WGr21 da 210 millimetri sotto ogni ala;

A-7: introdotto nel dicembre 1943, era un modello in cui le mitragliatrici MG 17 da 7,92 millimetri montate sul motore erano sostituite da due MG 131 da 13 millimetri. Venne costruito in pochi esemplari;

A-8: macchina prodotta in grande serie, probabilmente oltre 8000 esemplari, simile alla precedente;

A-9: poche unità prodotte con motore potenziato ed altri dettagli;

■ **Fw 190 C**: modello sperimentale con compressore per le alte quote ed altre modifiche;

■ **Fw 190 D**: aereo rimotorizzato, fusoliera allungata e motore Junkers Jumo 213 A 12 cilindri a V;

■ **Fw 190 F**: cacciabombardiere;

F-1: era una versione specializzata per attacco al suolo, introdotta alla fine del 1943. Generalmente simile al Fw 190 A-4, ne differiva per la corazzatura addizionale dell'abitacolo, il motore, l'eliminazione dei due cannoncini da 20 millimetri e una rastrelliera per bombe ETC 501 installata sotto la fusoliera;

F-2: derivava dal Fw 190 A-5 ma introduceva un tettuccio a goccia;

F-3: corrispondeva al 190 A-6; poteva trasportare un serbatoio sganciabile da 300 litri o una bomba da 250 kg sotto la fusoliera, mentre le varianti Fw 190 F-3/R-1 e F-3/R3 avevano quattro attacchi ETC 50 sotto le ali per bombe o, alternativamente, due cannoni MK 103 da 30 millimetri. Ne furono prodotti circa 500 esemplari;

■ **Fw 190 G**: simile al precedente, ma con il ruolo del bombardiere tattico ognitempo.

▲ Meccanici al lavoro su un caccia Focke-Wulf Fw 190 A-5; flotta aerea KBK 6 in Russia 1942. Credits Wikipedia, colorazione autore.

▼ Armieri della Luftwaffe caricano razzi WfG.21 da 210mm nei tubi di lancio subalari di un FW 190 A-8 prima di una missione contro bombardieri pesanti alleati 1943. Credits Wikipedia, colorazione autore.

FOCKE-WULF FW 190 A-4 I./JG 2

Focke-Wulf Fw 190 A-4, I./JG 2, pilotato da Oberleutnant Hanning, Francia, primavera 1943. Artwork di Björn Huber, rilasciata con licenza CC BY-SA 3.0.

DIFFERENZE FOCKE-WULF FW 190 A-E E A3

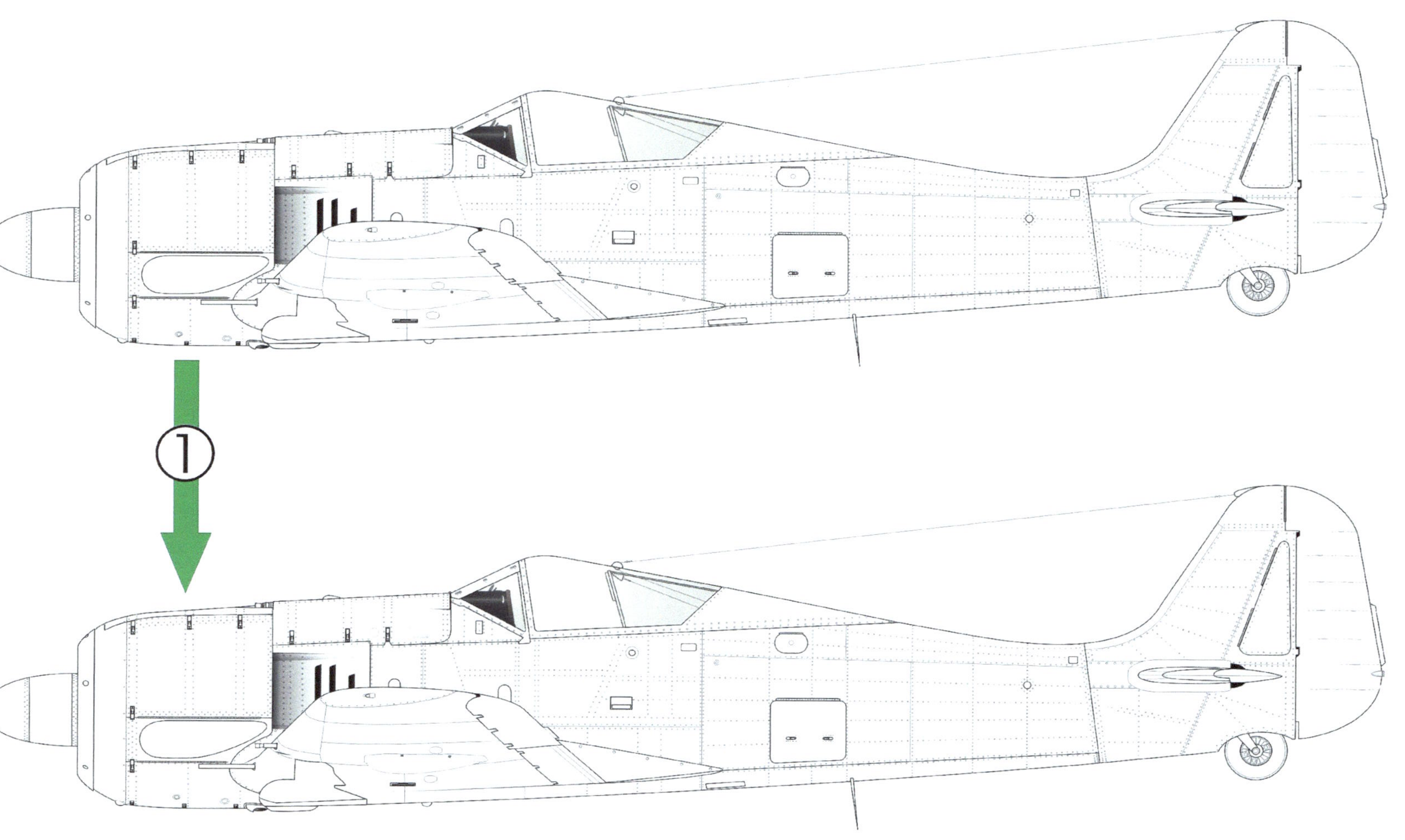

▲ Differenze selezionate tra Fw 190 A-2 e A-3; 1: Conversione del motore da BMW 801 C-2 a BMW 801 D-2 .Profili di Björn Huber, rilasciati con licenza CC BY-SA 3.0.

▲▼ Focke-Wulf-Fw-190A8 soggetto a manutenzione da parte di un'unità sconosciuta in Francia.

FOCKE-WULF FW 190 A-5 /U7

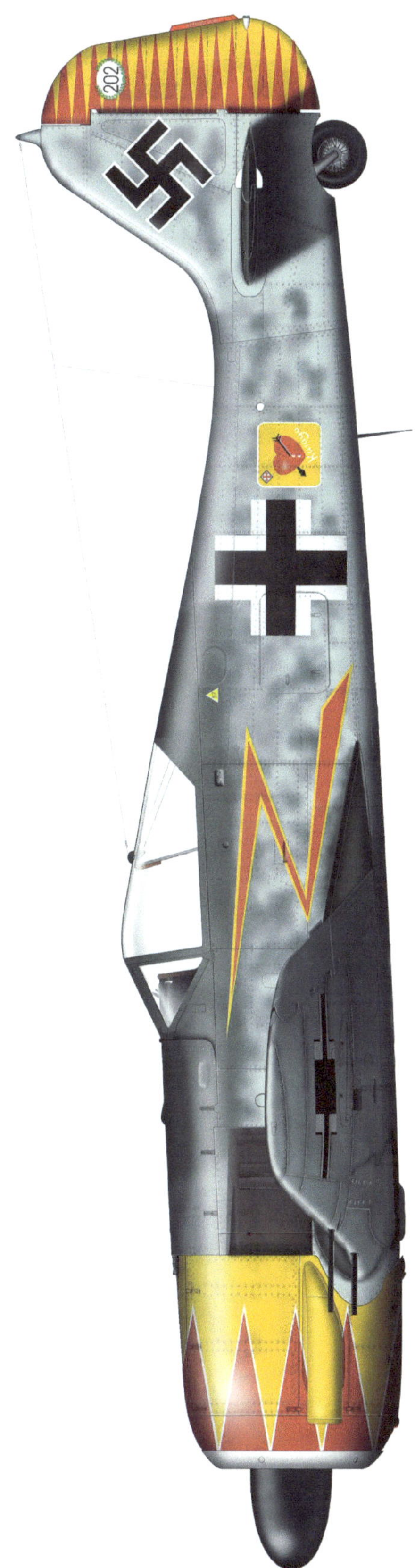

▲ **Focke-Wulf Fw 190 A-5/U7**, macchina pilotata dal Maggiore Hermann Hermann Graf in servizio con il Jagd-Ergänzungsgruppe Süd (Gruppo Addestramento Caccia), Toulouse-Blagnac (Francia), febbraio 1943.

FOCKE-WULF FW 190 A-5 /U7

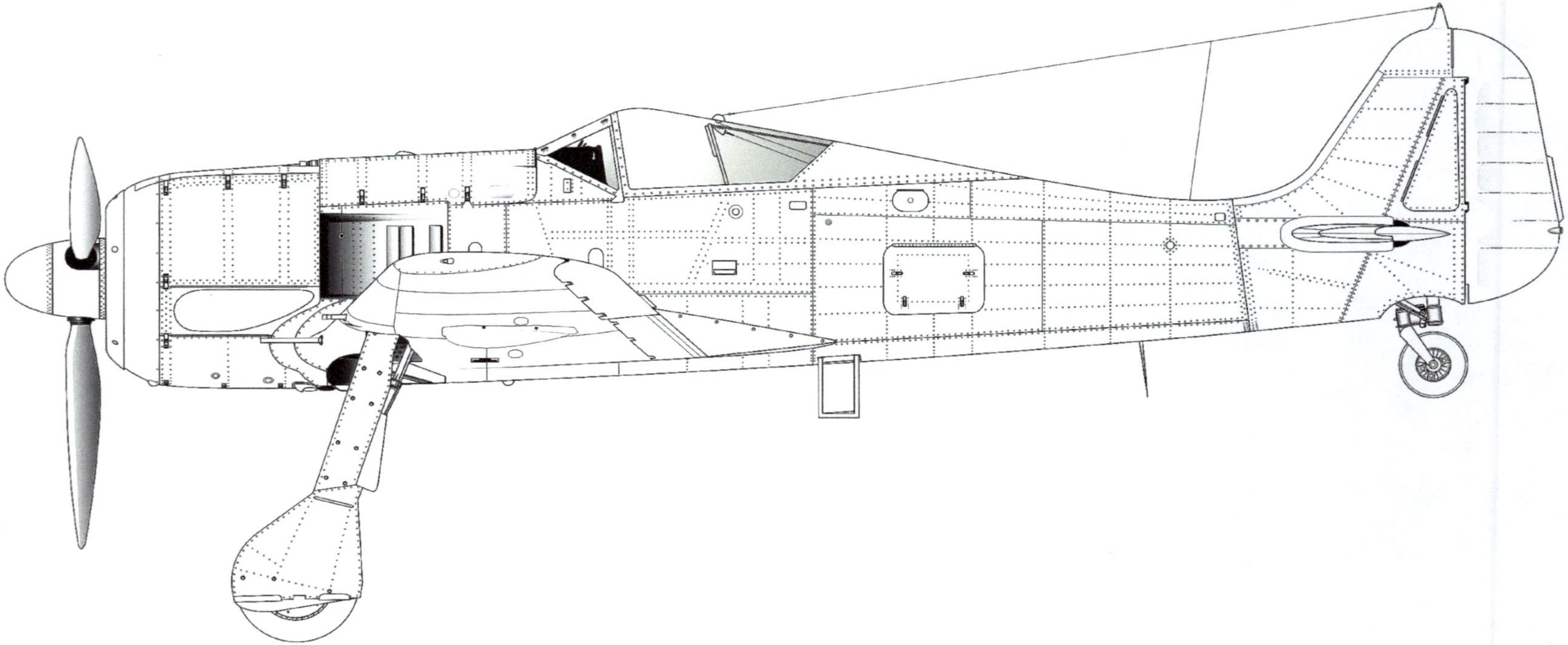

▲ Focke-Wulf Fw 190 A-5/U7, profilo BN del Bw 190 A-5. Artwork di Björn Huber, rilasciata con licenza CC BY-SA 3.0.

▲ Auguri di "in bocca al lupo" fra due piloti tedeschi di Focke-Wulf-Fw-190 A. Estate 1944. Bundesarchiv, colorazione autore.

FOCKE-WULF FW 190 DIFFERENZE FRA VERSIONE A-3 E A-4

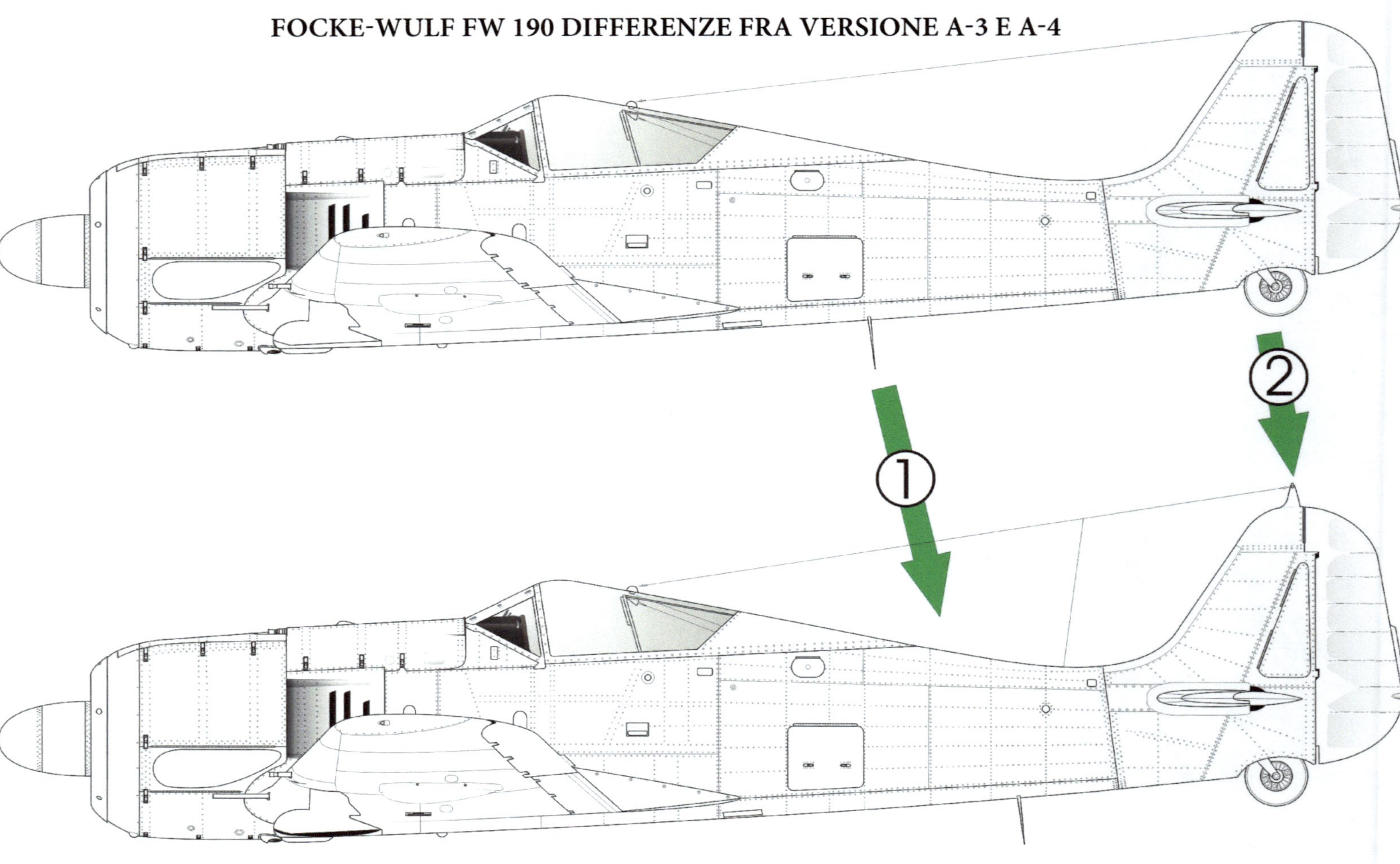

▲ Differenze selezionate tra gli Fw 190 A-3 e A-4; 1: sostituzione della FuG 7 con la FuG 16; 2: albero dell'antenna più alto sullo stabilizzatore verticale. Profili di Björn Huber, rilasciati con licenza CC BY-SA 3.0.

FOCKE-WULF FW 190 DIFFERENZE FRA VERSIONE A-4 E A-5

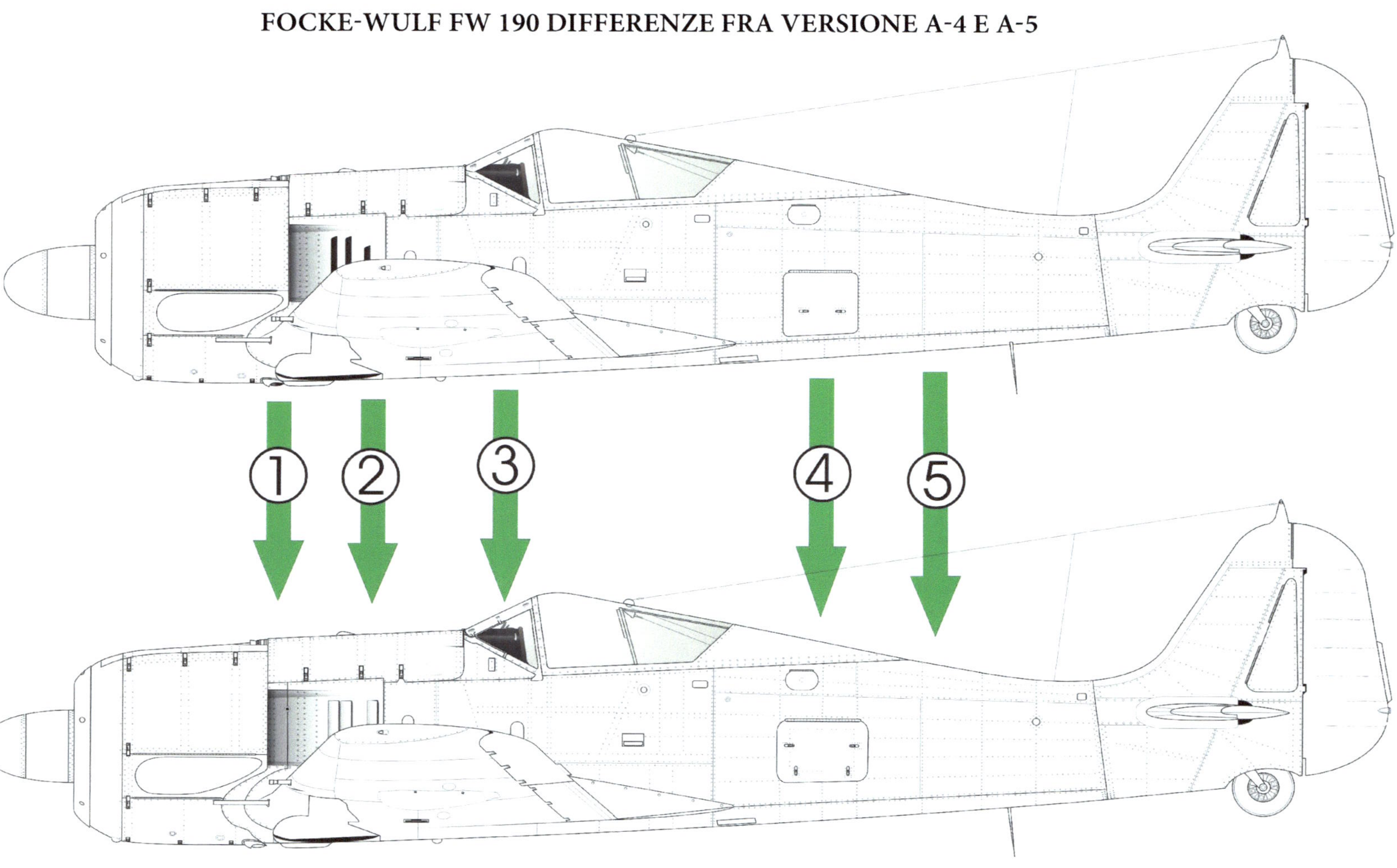

▲ Differenze selezionate tra Fw 190 A-4 e A-5; 1: Supporto motore allungato di 150 mm; 2: Alette di ventilazione regolabili; 3: Linee di sbrinamento sui parabrezza; 4: Sportello di accesso alla fusoliera allargato; 5: Apparecchiature radio remote. Profili di Björn Huber, rilasciati con licenza CC BY-SA 3.0.

FOCKE-WULF FW 190 A-8

▲ Focke-Wulf Fw 190 A-8, macchina pilotata dal caporale Wagner. L'aereo fu abbattuto dalla contraerea americana durante l'operazione *Bodenplatte* e catturata dopo un atterraggio di emergenza.

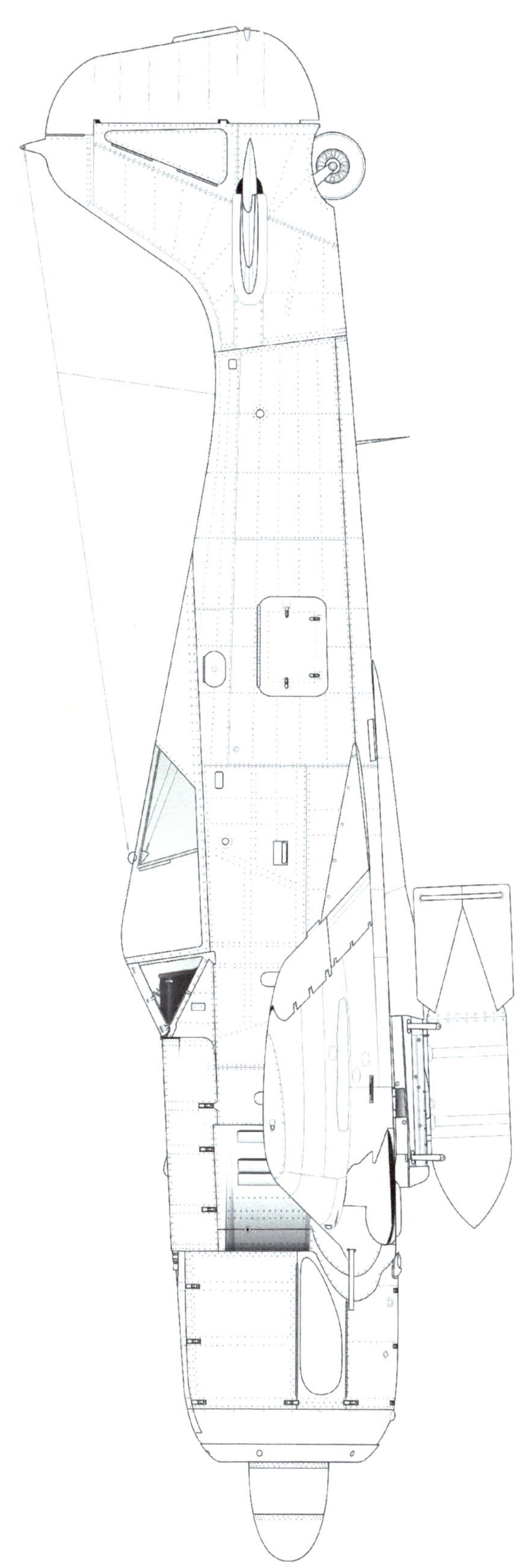

▲ Focke-Wulf Fw 190 A-8,, profilo BN del Bw 190 F2 Artwork di Bjørn Huber, rilasciata con licenza CC BY-SA 3.0.

▲ Focke-Wulf-Fw-190A-6 del JG26 pilotato da Naumann. Lille-Vendeville Francia, luglio 1943.

▼ Schema del Focke-Wulf 190 A-8. Opera di Björn Huber, rilasciata con licenza CC BY-SA 3.0.

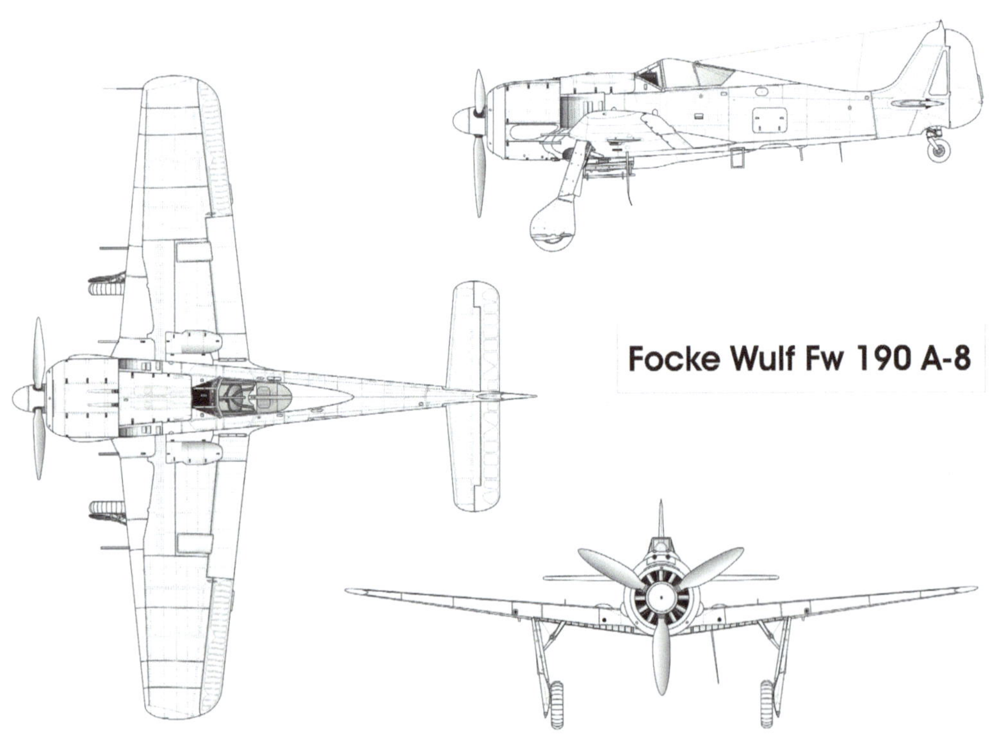

FOCKE-WULF FW 190 DIFFERENZE FRA VERSIONE A-5 E A-6

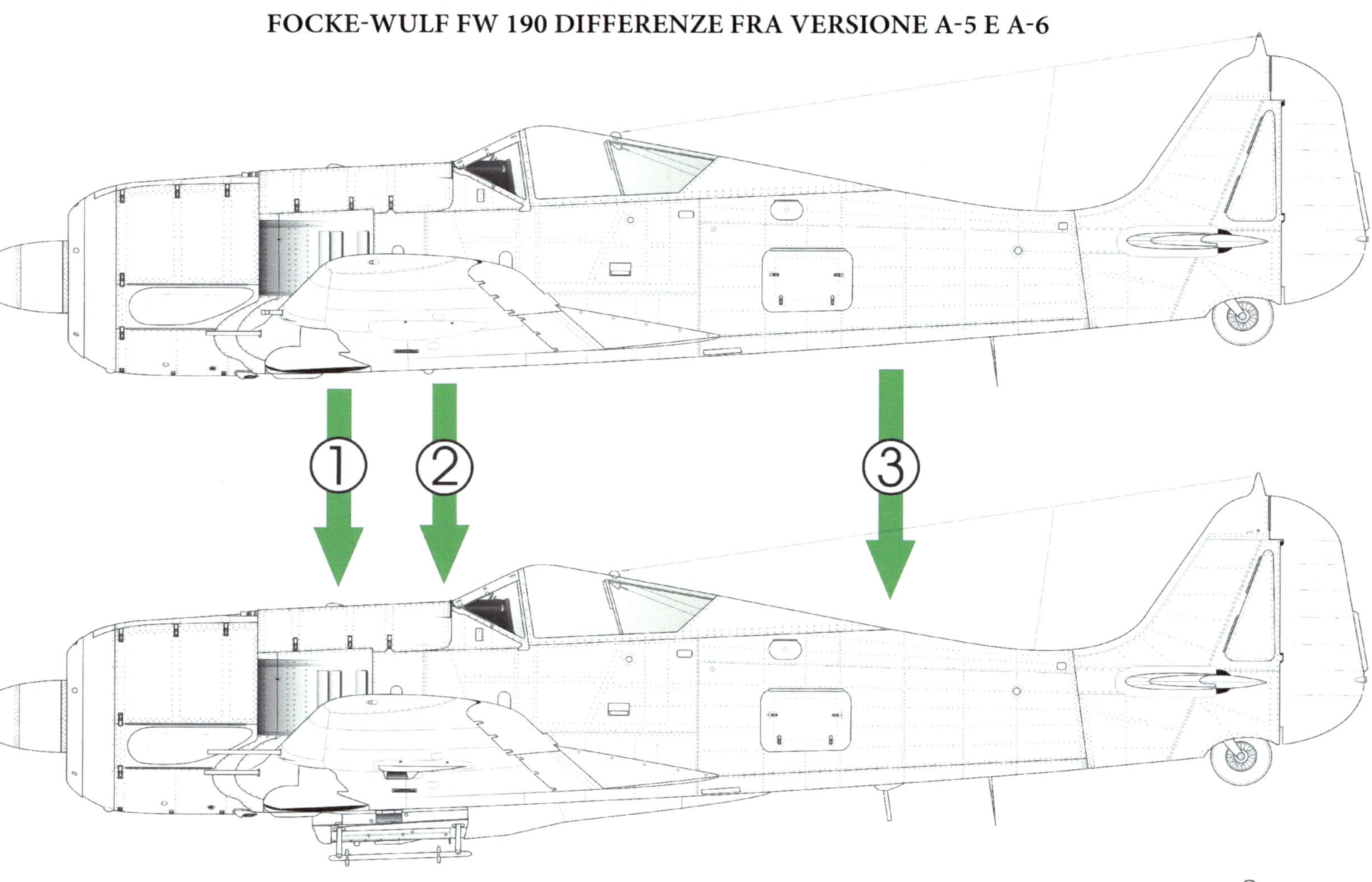

▲ Differenze selezionate tra Fw 190 A-5 e A-6; 1: Sostituzione dell'MG FF da 20 mm montato sull'ala con MG 151/20 da 20 mm; 2: Solitamente equipaggiato con porta carico esterno ETC-501 negli squadroni operativi; 3: Dotato di FuG 16 ZE. Profili di Björn Huber, rilasciati con licenza CC BY-SA 3.0.

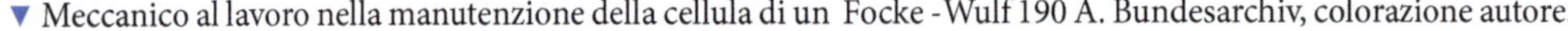

▲ Un Focke-Wulf Fw 190A-4 appartenente al III./SKG 10. Danneggiato e catturato, viene esaminato da vicino dai soldati americani all'aeroporto di El Aouiana, vicino a Tunisi, Tunisia, maggio 1943. Courtesy Libray of Congress.

▼ Meccanico al lavoro nella manutenzione della cellula di un Focke -Wulf 190 A. Bundesarchiv, colorazione autore.

FOCKE-WULF FW 190 DIFFERENZE FRA VERSIONE A-6 E A-7

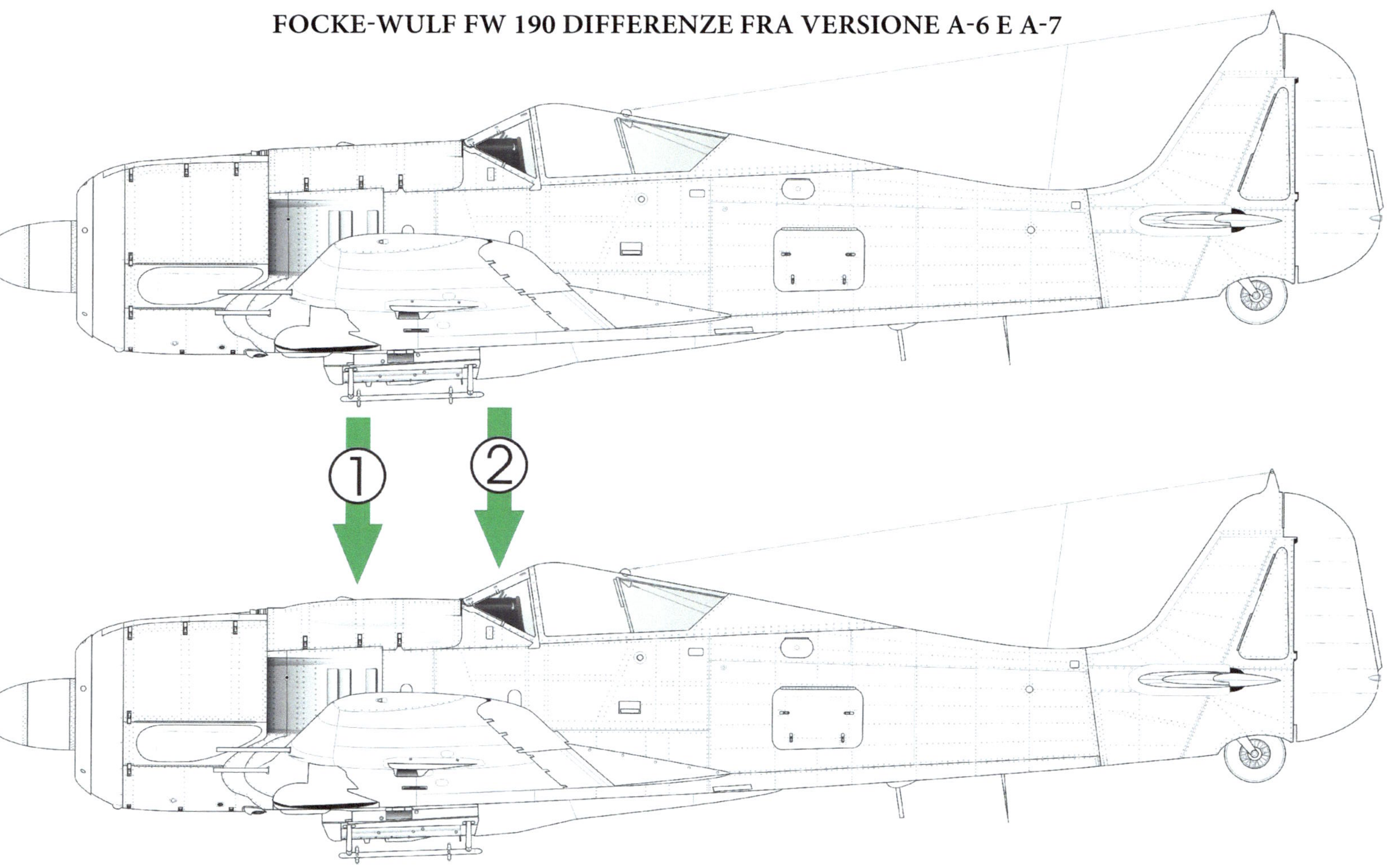

▲ Differenze selezionate tra Fw 190 A-5 e A-6; 1: Sostituzione dell'MG FF da 20 mm montato sull'ala con MG 151/20 da 20 mm; 2: Solitamente equipaggiato con porta carico esterno ETC-501 negli squadroni operativi; 3: Dotato di FuG 16 ZE. Profili di Björn Huber, rilasciati con licenza CC BY-SA 3.0.

▲▼ Focke-Wulf-Fw-190A pesantemente armati, mimetizzati fra alberi prossimi ad aeroporti. Fronte francese, estate del 1944. Bundesarchiv, colorazioni autore.

FOCKE-WULF FW 190 A-8

▲ Focke-Wulf Fw 190 A-8 IV (Sturm)/JG 300, macchina pilotata dal maggiore Walter Dahl, il fondatore del cosiddetto Sturmgruppen.

▲▼ Nelle tre foto di queste pagine il Focke-Wulf-Fw-190A-9.JG2-(Y2+I) dell'asso tedesco Josef-Wurmheller nell'aeroporto di Vannes in Francia nell'agosto 1943. Bundesarchiv. Colorazioni autore.

FOCKE-WULF FW 190 A-8

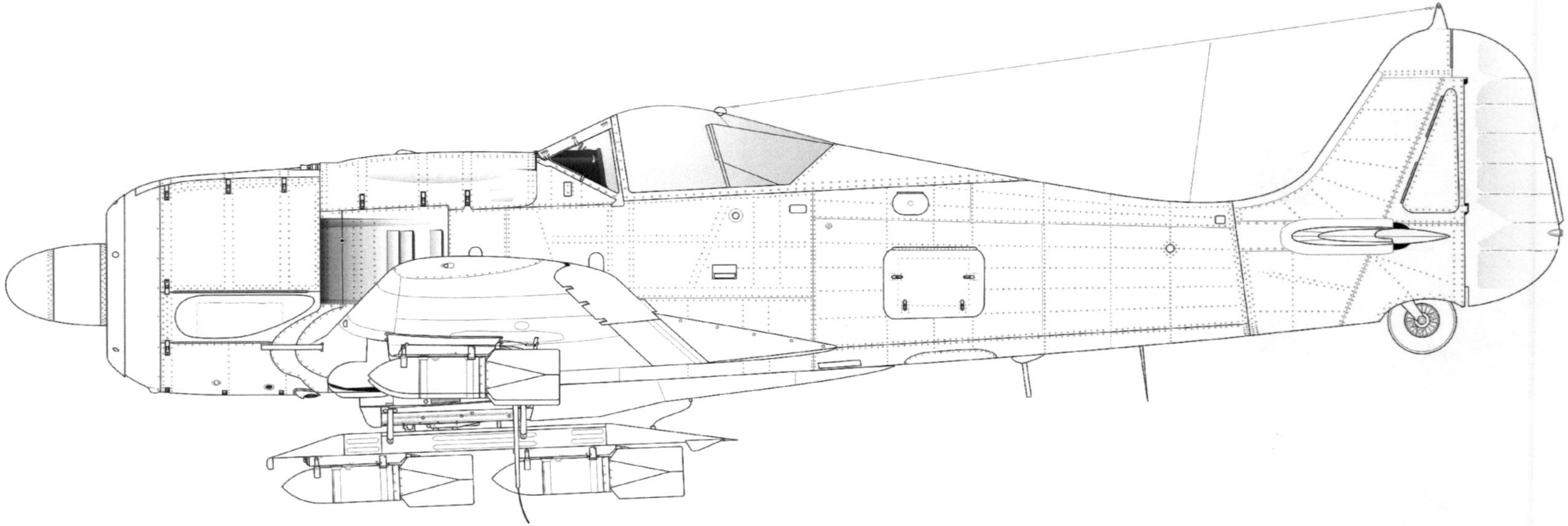

▲ Focke-Wulf Fw 190 A-8 profilo BN del Bw 190 F8. Artwork di Björn Huber, rilasciata con licenza CC BY-SA 3.0

FOCKE-WULF FW 190 DIFFERENZE FRA VERSIONE A-7 E A-8

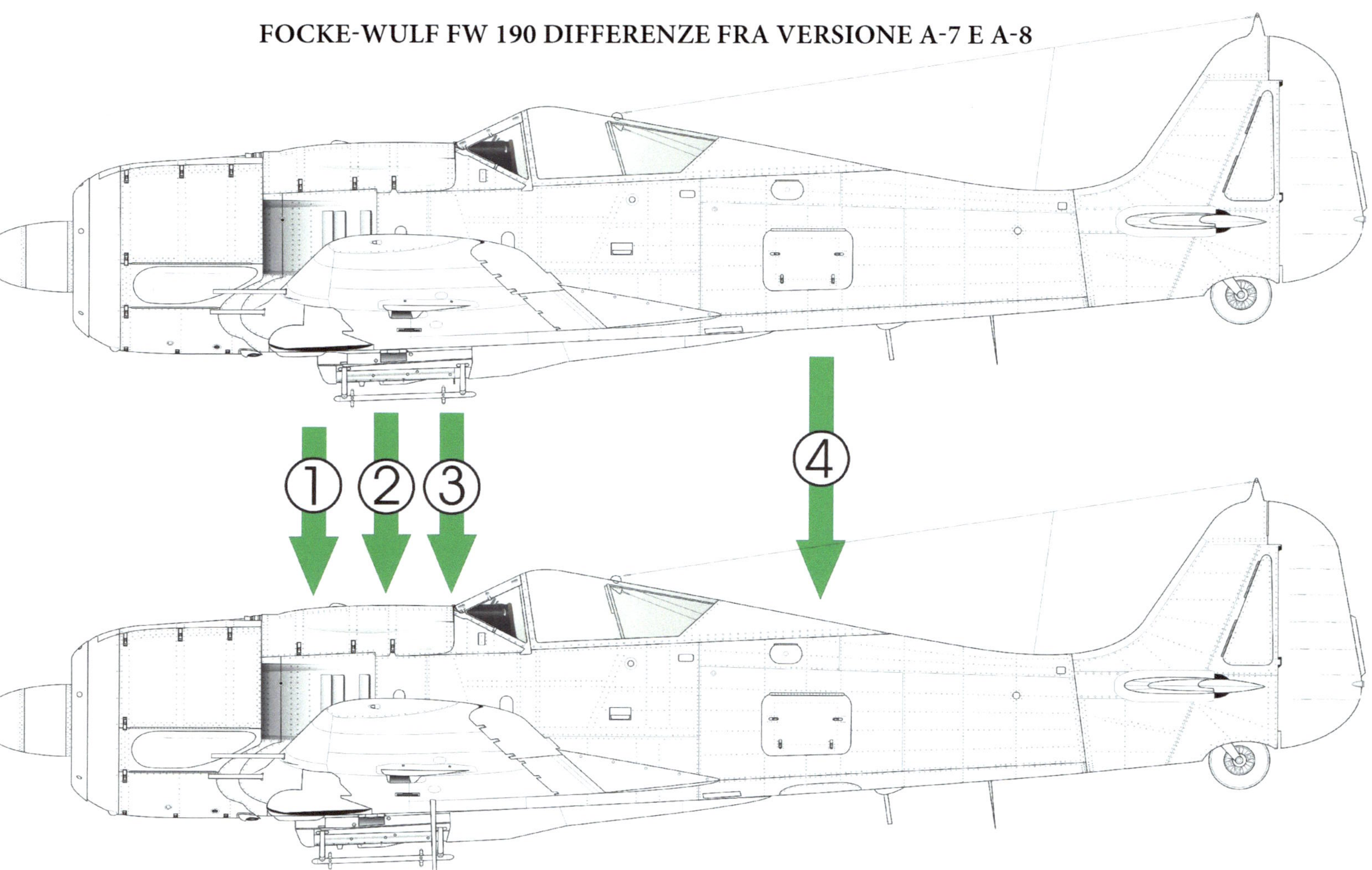

▲ Differenze selezionate tra Fw 190 A-7 e A-8; 1: Spostamento in avanti del portapacchi esterno ETC 501 di 200 mm (contemporaneamente le macchine sono dotate di ETC 501 franco fabbrica); 2: Riposizionamento della sonda di Pitot sull'arco di bordo dell'ala destra (non visibile qui); 3: Dotato di sistema di iniezione MW-50 per aumentare le prestazioni del motore; 4: Dotato di FuG 16 ZY. Profili di Björn Huber, rilasciati con licenza CC BY-SA 3.0.

FOCKE-WULF FW 190 A-8/R8

▲ **Focke-Wulf Fw 190 A-8/R8**, macchina del Gruppe IV., Jagdgeschwader 3, estate 1943. Sono evidenti il diverso tettuccio e le carenature del cofano motore per alloggiare le mitragliatrici MG131 da 13mm, che dalla versione A-7 in poi sostituirono le MG17.

FOCKE-WULF FW 190 S-5

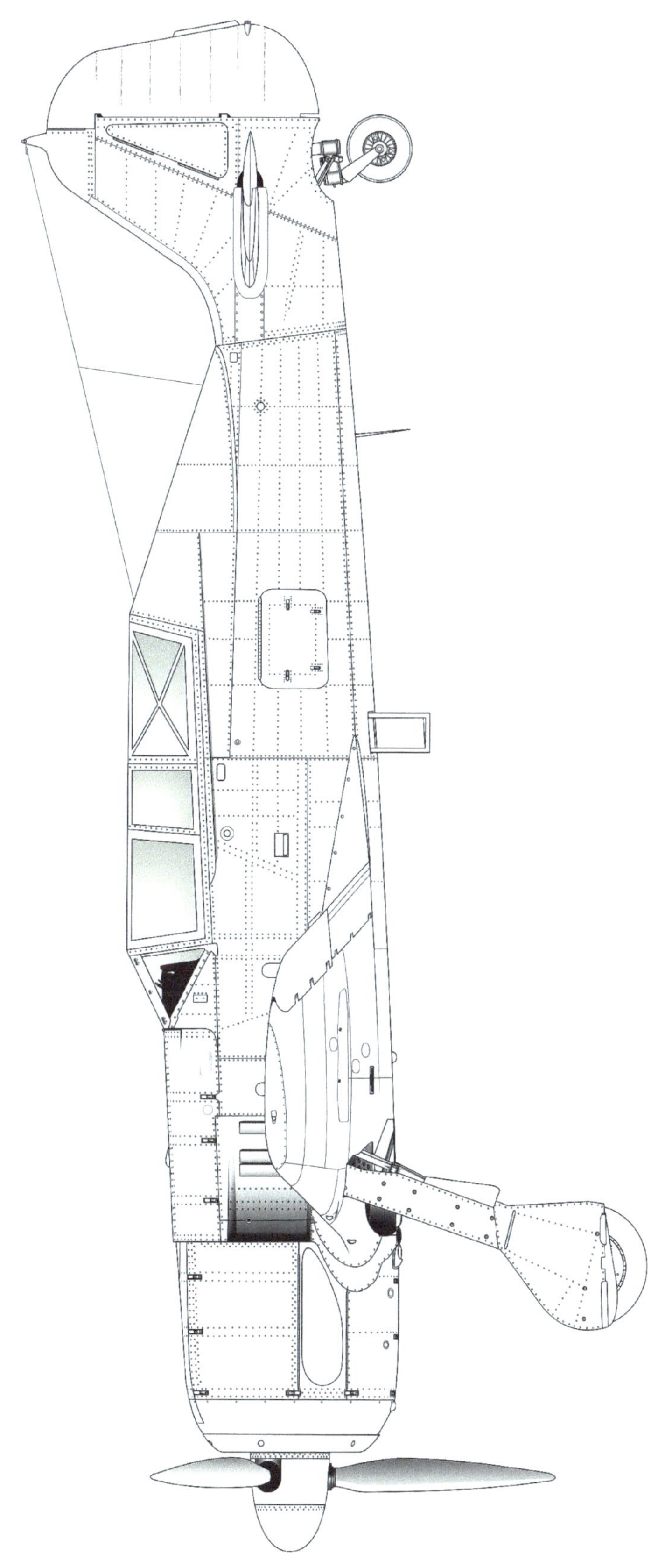

▲ Focke-Wulf Fw 190 S5, profilo BN del Bw 190 S5. Artwork di Björn Huber, rilasciata con licenza CC BY-SA 3.0.

▲ Un Focke-Wulf Fw 190A-7 I. JG 300, dotato di radar FuG 217 montato sulle ali. Francia 1944.

▼ Un Focke-Wulf Fw 190A in Russia. Bundesarchiv, colorazione autore.

ESPORTAZIONE DELL'AEREO

Oltre all'aviazione tedesca, la Luftwaffe, questo aereo interessò diverse altre forze aeree che utilizzavano il caccia della Fw. Principalmente lo utilizzarono gli alleati o i paesi vicini al terzo Reich, come l'aeronautica militare ungherese e la Turchia. Persino la Francia a fine guerra ne utilizzò diversi fino alla fine del decennio. L'ultimo volò avvenne nel 1949. Qualche esemplare venne perso o catturato dai cecoslovacchi, gli inglesi, gli americani e gli jugoslavi. Forniamo di seguito una breve sintesi dei modelli utilizzati del Fw oltre i confini tedeschi.

PAESI ALLEATI O AMICI DELLA GERMANIA

Ungheria

La *Magyar Királyi Honvéd Légierő*, l'arma aerea magiara acquistò 72 esemplari di Fw 190, nelle versioni F-8 ed F-9, impiegandoli per l'addestramento caccia e per la difesa aerea del proprio territorio.

Romania

La *Forțele Aeriene Regale ale României*, l'arma aerea rumena, durante la seconda parte del conflitto, ricevette dalla Germania alcuni Fw 190 A-8 che vennero usati per la difesa del suo territorio, soprattutto della capitale. Dopo il colpo di stato organizzato dal Re Michele del 23 agosto 1944, a seguito del quale la Romania si ritirò dall'alleanza con le potenze dell'Asse, le forze rumene riuscirono ad impadronirsi di alcune decine di Fw 190 A-8 già appartenenti alla Luftwaffe (che operavano da basi in Romania), usandoli nelle operazioni contro le forze tedesche. Successivamente, alla fine della guerra, diversi di questi velivoli, ancora in grado di operare, furono confiscati dall'Unione Sovietica.

Spagna

L' *Ejército del Aire*, l'aeronautica di Franco, impiegò diversi velivoli delle serie A-2, 3, 4, 8 e G con i volontari della *Escuadrilla Azul* (inquadrata nella *15ª Spanische Staffel/JG 51 "Mölders", VIII Fliegerkorps*, appartenente alla *LuftFlotte 4*) impegnati sul fronte Est (da Orël nel settembre del 1942 a Babrujsk nel luglio del 1943) e nella difesa del Reich nei cieli della Germania.

Turchia

Hava Müsteşarlığı, la forza aerea turca, ottenne dalla Germania nella seconda metà del 1942 circa 80 caccia Fw 190 A-3a (dove il suffisso "A" stava ad indicare *ausländisch* - straniero, in tedesco), al fine di modernizzare la propria aviazione. Questi velivoli erano sostanzialmente degli "A-3", dotati di motori BMW 801 D-2, radio FuG VIIa ed armati con quattro MG 17 (vi era la possibilità di installare due cannoni MG-FF/M al posto delle mitragliatrici alloggiate nella postazione alare più esterna). Le consegne avvennero tra l'ottobre del 1942 ed il marzo del 1943. Tali velivoli rimasero in servizio fino al 1949.

PRODUZIONE POST BELLICA

Francia

L' *Armée de l'air,* l'aviazione francese, al termine della seconda guerra mondiale ordinò 64 esemplari alla *Société nationale de constructions aéronautiques du Centre,* azienda francese che durante il conflitto aveva realizzato questi modelli per conto della Luftwaffe. I velivoli prodotti furono le versioni Fw 190 A-5/A-6, e vennero ridesignati come SNCAC NC-900. Questi aerei vennero utilizzati operativamente per un breve periodo fino al 1949 e ritirati a causa di problemi con il motore BMW 801.

▲ Un Focke-Wulf Fw 190A-in versione bombardiere medio con bomba sotto la fusoliera.

▼ Un Focke-Wulf Fw 190D in un aeroporto in Russia. Bundesarchiv, colorazione autore.

FOCKE-WULF FW 190 D-11 (DORA)

▲ Focke-Wulf Fw 190 D-11 Jagdverband-44. Opera di Erlendlundvall, rilasciata con licenza CC1.

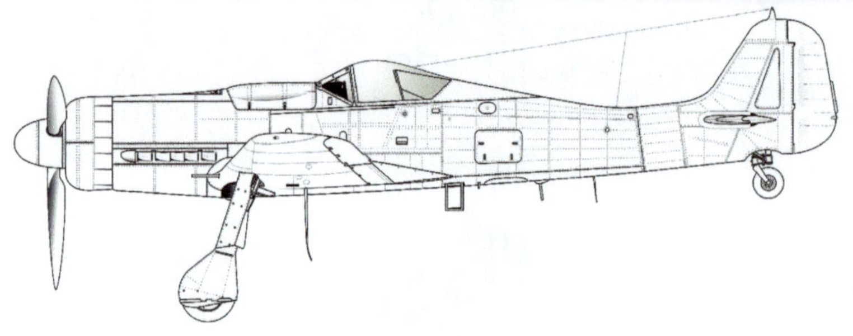

Focke Wulf Fw 190 D-9

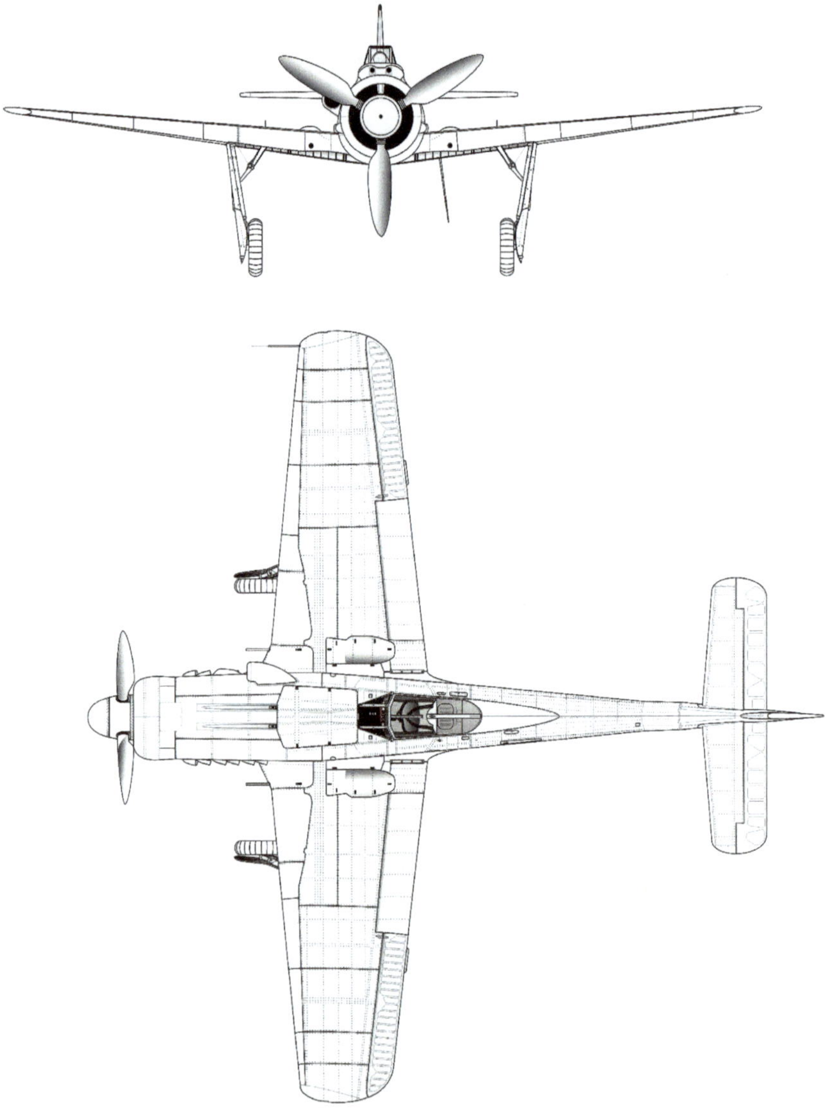

▲ Schema del Focke-Wulf 190 D-9. Opera di Björn Huber, rilasciata con licenza CC BY-SA 3.0.

FOCKE-WULF FW 190 DIFFERENZE FRA VERSIONE A-8 E A-9

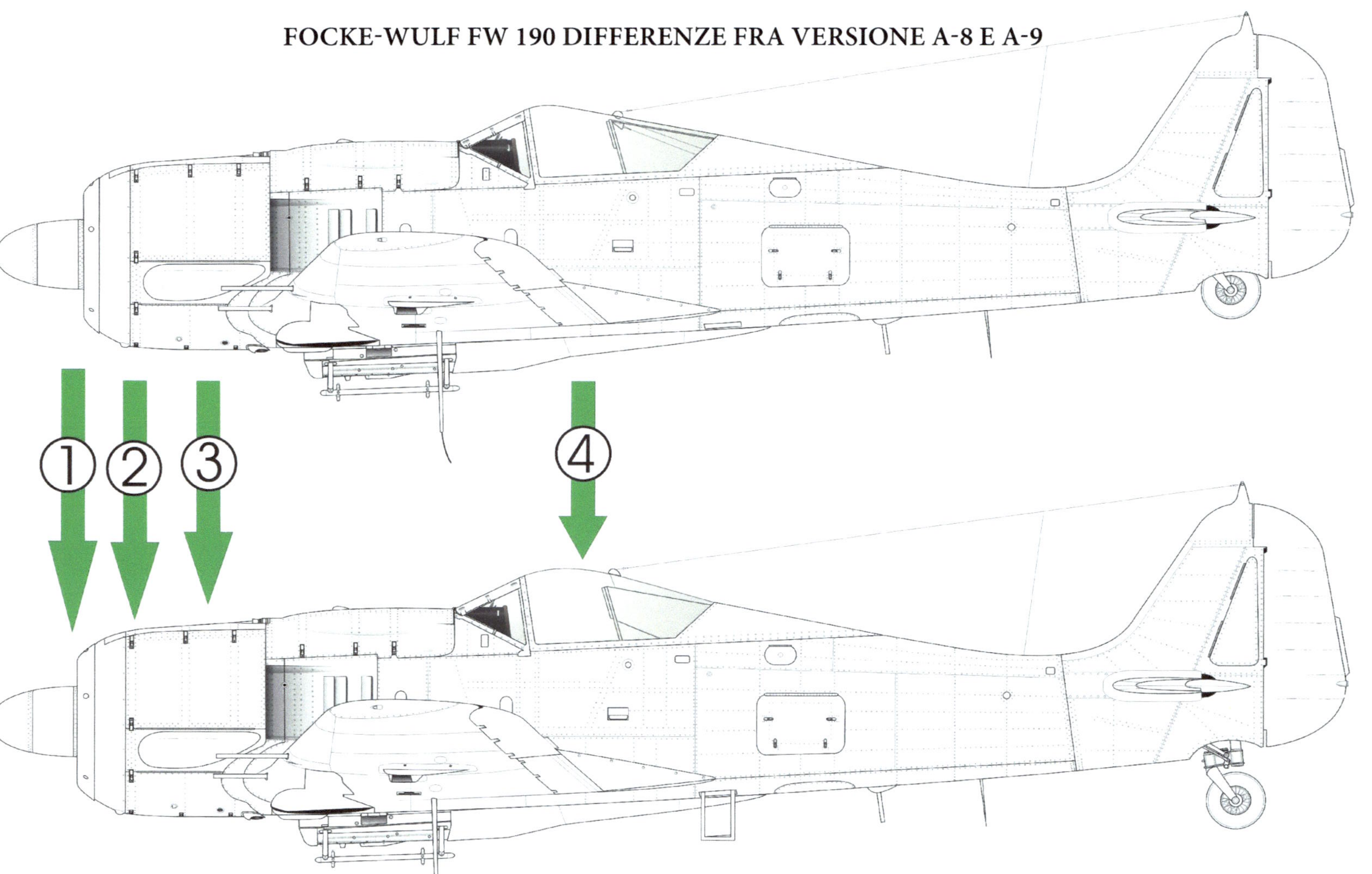

▲ Differenze selezionate tra Fw 190 A-8 e A-9; 1: Serbatoio dell'olio più pesante e corazzato (carenatura più lunga di 30 mm); 2: Ventola di raffreddamento con 14 pale invece di 12; 3: Sostituzione della BMW 801 D-2 con la BMW 801 S; 4: Equipaggiamento di serie con cofano del pozzetto soffiato per una migliore visibilità. Profili di Björn Huber, rilasciati con licenza CC BY-SA 3.0.

▲ Focke-Wulf-Fw-190A-D, la Dora dal "naso lungo".

▼ Schema del Focke-Wulf 190 A-8 versione cacciacarri. Opera di Björn Huber, rilasciata con licenza CC BY-SA 3.0.

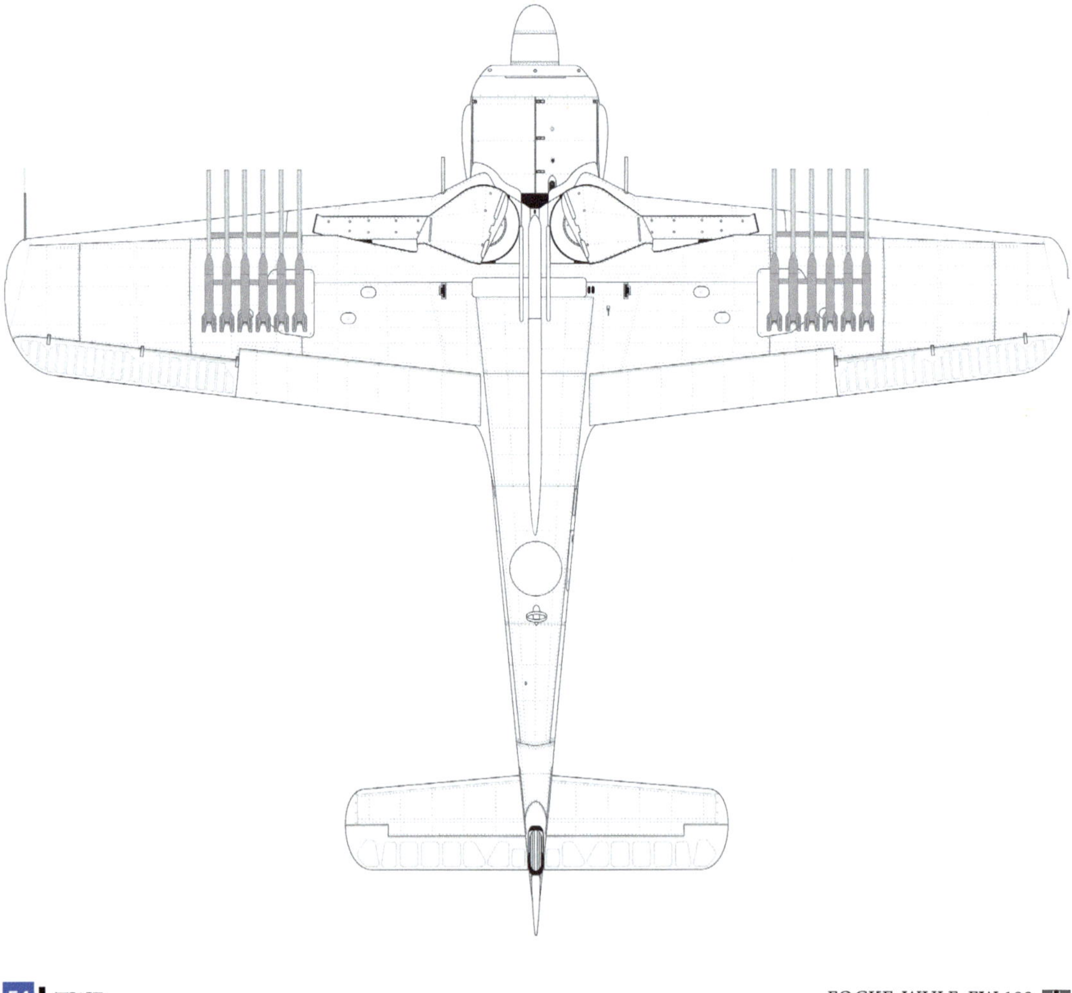

SCHEDE TECNICHE

FOCKE-WULF FW 190 A-3 (1942)	
Parametro	**Dati**
Equipaggio	1
Lunghezza	8,85 m
Apertura alare	10,51 m
Altezza	3,95 m (sopra il cerchio dell'elica)
Superficie alare	18,3 m²
Massa iniziale	3.850 kg (escluso l'armamento)
Carico alare	190 kg/mq
Motore	BMW 801 D-2 con potenza al decollo di 1.700 CV (1.250 kW)
Velocità massima	665 km/h a 6.500 m di altitudine.
Velocità di salita	circa 1.250 m/min
Altezza di picco	10.300 m
Carburante	525 litri
Armamento	Due MG 17 da 7,92 mm (900 colpi ciascuno) sopra il motore, due MG 151/20E da 20 mm (250 colpi ciascuno) controllati dal cerchio dell'elica che spara dalle radici delle ali, due 20 mm MG FF/M (90 colpi ciascuno) che sparano oltre il cerchio dell'elica poste nelle ali esterne incontrollate.

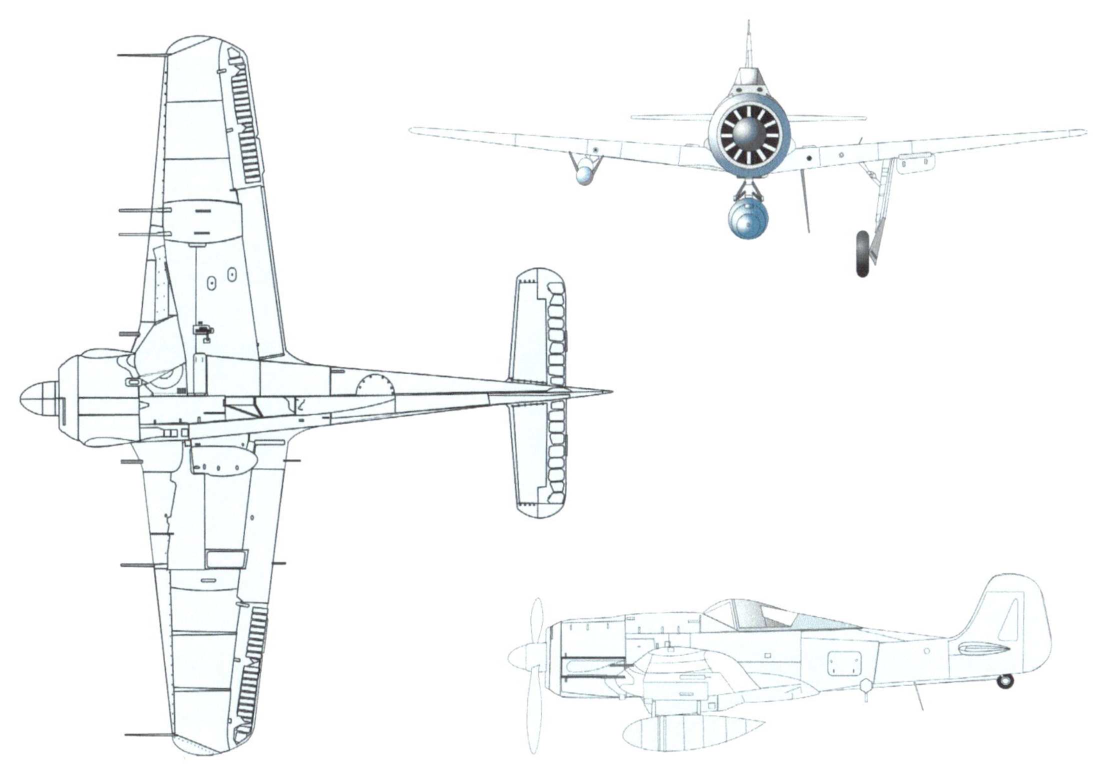

FOCKE-WULF FW 190 A-5 (1943)

Parametro	Dati
Lunghezza	9,00 m
Apertura alare	10,51 m
Altezza	3,95 m (sopra il cerchio dell'elica)
Superficie alare	18,3 m^2
Massa iniziale	4.000 kg (escluso l'armamento)
Carico alare	190 kg/mq
Motore	BMW 801 D-2 con potenza al decollo di 1.700 CV (1.250 kW)
Velocità massima	665 km/h a 6.250 m di altitudine.
Velocità di salita	circa 1.250 m/min
Altezza di picco	10.350 m
Carburante	525 litri
Armamento	Due MG 17 da 7,92 mm (900 colpi ciascuno) sopra il motore, due MG 151/20E da 20 mm (250 colpi ciascuno) controllati dal cerchio dell'elica che spara dalle radici delle ali, due 20 mm MG FF/M (90 colpi ciascuno) che sparano oltre il cerchio dell'elica poste nelle ali esterne incontrollate

FOCKE-WULF FW 190 A-8 (1944)

Parametro	Dati
Lunghezza	9,00 m
Apertura alare	10,51 m
Altezza	3,95 m (sopra il cerchio dell'elica)
Superficie alare	18,3 m^2
Massa iniziale	4.400 kg (escluso l'armamento)
Carico alare	239 kg/mq
Motore	BMW 801 D-2 con potenza al decollo di 1.700 CV (1.250 kW)
Velocità massima	656 km/h a 6.000 m di altitudine.
Velocità di salita	circa 1.100 m/min
Altezza di picco	10.600 m
Autonomia	985 chilometri
Armamento	Due MG 131 sopra il motore, due MG 151/20E da 20 mm (250 colpi ciascuno) controllati dal cerchio dell'elica che spara dalle radici delle ali, due 20 mm MG FF/M (90 colpi ciascuno) che sparano oltre il cerchio dell'elica poste nelle ali esterne incontrollate

FOCKE-WULF FW 190 D-9 (1944-45)

Parametro	Dati
Lunghezza	10,19 m
Apertura alare	10,51 m
Altezza	3,95 m (sopra il cerchio dell'elica)
Superficie alare	18,3 m^2
Massa iniziale	4.270 kg (escluso l'armamento)
Carico alare	234 kg/mq
Motore	Junkers Jumo 213 A-1
Velocità massima	686 km/h a 6.600 m di altitudine.
Velocità di salita	circa 1.280 m/min
Altezza di picco	11.100 m
Autonomia	810 chilometri
Armamento	Due MG 131 sopra il motore, due MG 151/20E da 20 mm (250 colpi ciascuno)

BIBLIOGRAFIA

- Enzo Angelucci, Paolo Matricardi, *Guida agli Aeroplani di tutto il Mondo*, Vol.4, Milano, Arnoldo Mondadori Editore, 1979.

- Dominique Breffort, *Focke-Wulf Fw 190: From 1939 to 1945.* Casemate Publishers; 1st edition (May 1, 2007)

- Caldwell, Donald L. JG 26: *Top Guns of the Luftwaffe.* New York: Ivy Books, 1991. ISBN 0-8041-1050-6.

- Caygill, Peter. *Combat Legend Focke-wulf Fw 190.* Ramsbury, UK: Airlife Publishing Limited, 2002,

- David Donald (ed.), *The military Propeller Aircraft Guide*, Edison NY, Chartwell Books, Inc, 1999, ISBN 0-7858-1023-4.

- David Donald (ed.), *Warplanes of the Luftwaffe*, London, Aerospace, 1994, ISBN 1-874023-56-5.

- Artem Drabkin, *The Red Air Force at War: Barbarossa & the retreat to Moscow – Recollections of Fighter Pilots on the Eastern Front*, Barnsley (South Yorkshire), Pen & Sword Military, 2007, ISBN 1-84415-563-3.

- Jeffrey L. Ethell, *Aerei della seconda guerra mondiale*, A. Vallardi / Collins Jane's, 1996, ISBN 88-11-94026-5.

- Forsyth, Robert. *JV 44 The Galland Circus.* Burgess Hill, Sussex, UK: Classic Publications, 1996

- Forsyth, Robert.*Fw 190D-9: Defence of the Reich 1944–45.* Osprey Publishing 2022.

- Jonathan Glancey, *Spitfire: The biography*, London, Atlantic books, 2006, ISBN 978-1-84354-528-6.

- Chris Goss, *Focke-Wulf Fw 190: The Early Years—Operations Over France and Britain.* Frontline Books (June 30, 2019)

- Bill Gunston, *Aerei della seconda guerra mondiale*, Milano, Peruzzo editore, 1984,

- Dietmar Harmann, Ulrich Leverenz, Eberhard Weber, *Focke-Wulf Fw 190A: An Illustrated History of the Luftwaffe's Legendary Fighter Aircraft*, Atglen, PA, Schiffer Publishing, Ltd, 2004, ISBN 0-7643-1940-X.

- Jean-Denis G. G. Lepage, *Aircraft of the Luftwaffe 1939-1945: An Illustrated Guide*, Jefferson, NC, McFarland & Company Inc. Publishing, 2009, ISBN 978-0-7864-3937-9.

- Krzysztof Janowicz, Focke-Wulf FW 190, Vol. 4. Kagero (April 6, 2022)

- Malcolm Lowe, *Focke-Wulf Fw 190 (Osprey Production Line to Frontline #5)*, London, Osprey, 2003, ISBN 1-84176-438-8.

- Paolo Matricardi, *Aerei Militari. Caccia e Ricognitori*, Milano, Mondadori Electa, 2006,

- David Mondey, *The Hamlyn Concise Guide to Axis Aircraft of World War II*, London, Bounty Books, 2006, ISBN 0-7537-1460-4.

- Shigeru Nohara, *Focke-Wulf Fw 190D & Ta 152 Modeling Guide*, Tokyo, Model Art Co. Ltd., 2001.

- Maciej Noszczak, *Focke-Wulf Fw 190 A (TopDrawings).* Kagero; Bilingual edition (2019)

- Maciej Noszczak, *Focke-Wulf Fw 190: S, F, G models (TopDrawings).* Kagero; Bilingual edition (December 19, 2018)

- Heinz J. Nowarra, *Die Deutsche Luftrüstung 1933-1945*, Koblenz, Bernard & Graeffe Verlag, 1993, ISBN 3-7637-5464-4.

- Heinz J. Nowarra, *Focke-Wulf Fw 190*, in *Waffen - Arsenal*, n. 95, Friedberg, Podzun-Pallas -Verlag, 1985, ISBN 978-3-7909-0245-7.

- Page, Neil. *"Focke Wulf 190: Part One-the Fw 190A-series fighter variants."* Scale Aircraft Modelling, Vol. 24, No. 9, November 2002.

- Ryle, E. Brown and Malcolm Laing. *Walk Around Number 22: Focke-Wulf Fw 190A/F.* Carrollton, Texas: Squadron/Signal Publications, 1997

- Peter Rodeike, *Focke Wulf Jagdflugzeug - Fw 190A, Fw 190 "Dora", Ta 152 H,* Weimar, Rogge GmbH, 1998, ISBN 978-3-923457-44-1.

- Dan Sharp, *Eagles of the Luftwaffe: Focke-Wulf Fw 190 A, F and G* Tempest; 1st edition (February 10, 2022)

- Mike Spick, *Allied Fighter Aces of World War II,* London, Greenhill Books, 1997, ISBN 1-85367-282-3.

- Mike Spick, *Fighter Pilot Tactics,* Cambridge, Patrick Stephens, 1983, ISBN 0-85059-617-3.

- Weal, John. Focke-Wulf Fw 190 Aces of the Russian Front. Aircraft of the Aces No. 6. Oxford, UK: Osprey, 1998.

- Weal, John. Focke-Wulf Fw 190 Aces of the Western Front. Aircraft of the Aces No. 9. Oxford, UK: Osprey, 1996.

- Arkadisuz Wrobel, *Focke-Wulf Fw 190 A (Camouflage & Decals).* Kagero (August 12, 2021)

- Winchester, Jim. *"Focke-Wulf Fw 190."* Aircraft of World War II. London: Grange Books, 2004.

▲ Focke-Wulf-Fw-190A-D, catturato dagli americani in volo vicino a Patuxent River nel 1944.

TITOLI PUBBLICATI O IN LAVORAZIONE

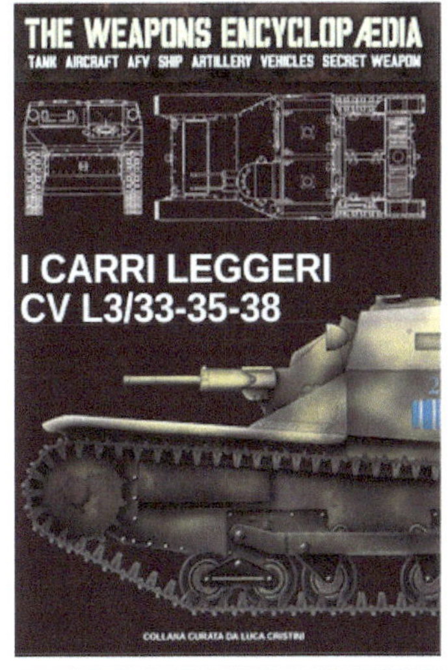

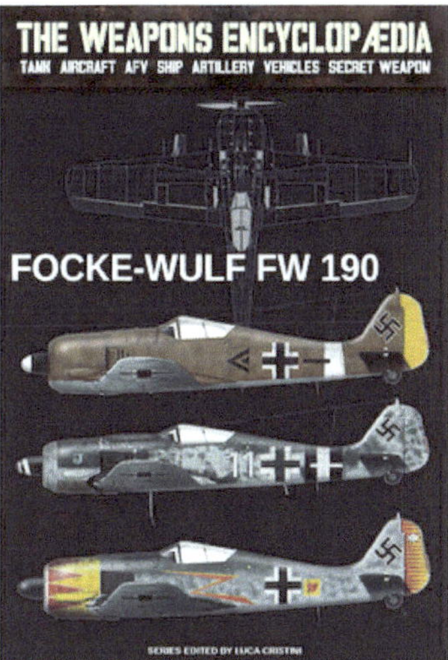

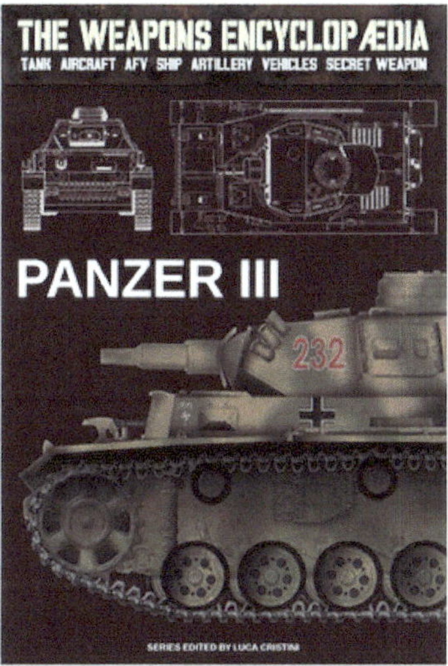

TWE-002 IT